教育部"国培计划"项目
小学科学骨干教师培训教材

◇ 全国小学科学优秀教学设计案例 ◇

全国小学科学优秀教学设计案例

五、六年级

柏毅　马利荣　吴枫 / 主编

电子工业出版社·
Publishing House of Electronics Industry
北京·BEIJING

图书在版编目（CIP）数据

全国小学科学优秀教学设计案例.五、六年级 / 柏毅，马利荣，吴枫主编.—北京：电子工业出版社，2021.10

ISBN 978-7-121-41236-3

Ⅰ.①全… Ⅱ.①柏… ②马… ③吴… Ⅲ.①科学知识－教案(教育)－小学 Ⅳ.①G623.62

中国版本图书馆CIP数据核字（2021）第094210号

责任编辑：刘香玉　　　　　　特约编辑：田学清
印　　刷：北京天宇星印刷厂
装　　订：北京天宇星印刷厂
出版发行：电子工业出版社
　　　　　北京市海淀区万寿路173信箱　　　邮编：100036
开　　本：787×1092　　1/16　　印张：12　　字数：291.8千字
版　　次：2021年10月第1版
印　　次：2022年4月第2次印刷
定　　价：39.00元

凡所购买电子工业出版社图书有缺损问题，请向购买书店调换。若书店售缺，请与本社发行部联系。联系及邮购电话：（010）88254888，88258888。

质量投诉请发邮件至zlts@phei.com.cn，盗版侵权举报请发邮件至dbqq@phei.com.cn。

本书咨询联系方式：（010）88254161转1815，xiaox@phei.com.cn。

前　言

　　2017年1月，教育部正式颁布了《义务教育小学科学课程标准》（以下简称"科学新课标"）。科学新课标着重强调了小学科学课程是一门基础性、实践性和综合性课程，要求从小学一年级开始面向全体学生倡导探究式学习，保护学生的好奇心和求知欲，突出学生的主体地位，其总体目标是培养学生的科学素养，并为他们继续学习、成为合格的公民和终身发展奠定良好的基础。

　　为了充分挖掘小学科学优秀教学设计案例资源，有效指导小学科学教学活动，提升科学新课标指导下的全国小学科学教师的课程教学能力和教学设计技能，构建优质教学设计资源共建共享平台，东南大学"教育部'国培计划'项目组"（东南大学儿童发展与教育研究所）与电子工业出版社有限公司共同协作，成立了全国小学科学优秀教学设计案例评选工作委员会，面向全国小学科学教研员和小学科学教师，征集小学科学优秀教学设计案例。由国内长期从事小学科学教研工作的优秀教研员、特级科学教师和教育部"国培计划"项目小学科学培训专家团队成员组成的案例评选团队，按照教学准备、教学过程、教学效果分析和创新特色的评审标准进行评审，从602个有效教学设计案例中评选出48个优秀教学设计案例，将其汇编出版成册，并且附有案例的"说课视频"和课程PPT，为全国小学科学教师进行课程教学和教学设计提供有价值的参考。

　　本套书所选的优秀教学设计案例符合科学新课标中的科学知识目标，科学探究目标，科学态度目标，科学、技术、社会与环境目标，内容覆盖了物质科学、生命科学、地球与宇宙科学、技术与工程四个领域中适合小学生学习的 18 个核心概念。本套书分为一、二年级，三、四年级，五、六年级三个分册，所选各个案例重视探究活动的各个要素，精心设计探究问题，并能处理好探究式学习中学生自主和教师指导的关系。所选各个案例还体现了学科关联，尤其是与数学、语文、综合实践活动等课程的关联，同时强调教学和评价是教学设计和实施的两个重要环节，并从小学科学的学习评价角度出发，从科学知识，科学探究，科学态度，科学、技术、社会与环境等维度对学生的学习效果进行评价。

希望使用本套书的科学教育工作者，能够在阅读后受到启发，更好地把握科学新课标的深刻内涵，从而在教学实践中进行教学设计的创新与实践。希望广大教育工作者既可以根据书中提供的内容和创设的情境完成科学新课标中规定的最基本的内容，又可以突破案例本身，联系本校、本地的资源充分激活自己和学生的知识背景，生成新的教学内容，最终从根本上培养学生的科学素养。

柏毅

2021 年 10 月

目 录

第一章　物质科学

案例1：光和影

北京市海淀区中国人民大学附属中学实验小学　杨晓娟

主题	光和影		
教材版本	教育科学出版社	年级	五年级上册
单元	第二单元　光	课时	第一课时

一、【课标内容】

6.2.1　有的光直接来自发光的物体；有的光来自反射光的物体。

6.2.2　光在空气中沿直线传播；行进中的光遇到物体时发生反射，会改变光的传播方向，会形成阴影。

二、【教学目标】

（1）科学知识：说出影子产生的条件及光源的定义，识别来自光源的光和来自反射物体的光；列出影响影子大小、方向、长短、形状的因素，说明影子的变化是有规律的。

（2）科学探究：观察影子，制造影子；设法改变影子的大小、方向、长短、形状，基于实验数据分析影子变化的规律；应用光和影的知识创编并表演皮影戏。

（3）科学态度：认真观察，如实记录；尊重事实证据，基于证据分析问题。

（4）科学、技术、社会与环境：了解传统文化中科学原理和技术的应用。

三、【学情分析】

依据教材内容，我对任教年级 300 名学生进行了前测。

（一）关于影子产生的条件

从前测数据中可以看出：大部分学生对于影子的产生已经积累了不少知识，他们知道影子的产生必须有光和物体，但这种认知是不完整的，需要教师设计合理的活动帮助学生建构完整的认知。

（二）关于影子变化的规律

从前测数据中可以看出：大部分学生能够描述影子的大小随光源远近的变化，但他们又将大小、长短两个不同的影子变化量混为一谈，对于影子变化的其他规律描述不清。因此，教师有必要通过指导，使学生发现光和影之间变化的规律。

四、【教学重点与难点】

（1）教学重点：设法改变影子的大小、方向、长短、形状，基于实验数据分析影子变化的规律。

（2）教学难点：应用光和影的知识创编并表演皮影戏。

五、【设计理念】

（一）教学内容

本节课是本单元的起始课，从本节课到第四课将指导学生认识光的传播特点。认识光的传播特点从观察影子开始，因为影子有许多特点，如影子总是在背光的一面，这表明光的传播是直线的。从教材安排中可以看出，本节课的内容分为两部分：第一部分是光源，第二部分是影子。

学生经历的活动主要有：（1）通过影子游戏，进入新课的学习，总结影子产生的条件；（2）认识什么是光源；（3）探究在光的照射下影子变化的规律；（4）认识投影，发现物体的形状和影子之间的关系；（5）再次通过影子游戏，验证光和影的关系。

（二）教学方法

1. 学具的改进设计与应用

1）光源

在以往的教学中，改变光源远近和角度的过程始终需要学生利用手电筒进行控制。改进学具后，可将手电筒安装在操作台上，解放学生的双手，引导学生专注于对影子的观察。

2）遮挡物

我用猪八戒人偶代替教材中的小木块，大大增加了实验的趣味性。

3）屏

我将以往教学中以墙面为屏改为双面纸屏，并用透明亚克力板固定。将格纹纸屏用于实验观察更利于学生将影子变化的现象转化为数据，为寻找影子变化的规律提供更可靠的依据。另外，我还将中国风的水墨画用于皮影戏表演，对水墨画进行精心的设计，在四角亭和山水之间留白，目的在于给学生创编皮影戏脚本留有发挥的空间；将四角亭的一根柱子隐藏，目的在于让学生理解改变遮挡物被照射的面可以变影子的形状。我将零散的实验材料改为一体式的皮影戏舞台，提升了实验装置的系统性和可操作性。

2. 设计控制变量实验

探究影子变化的规律的实验涉及多个变量，因此需要通过设计控制变量实验进行定量分析。

六、【教学准备】

（1）教具：PPT、手电筒、猪八戒人偶。

（2）学具：自制皮影戏舞台、手电筒、猪八戒人偶每组（4人为1组）1个。

七、【教学过程设计】

（一）集中话题

（1）导入：同学们看过皮影戏吗？今天老师自编了一段关于《西游记》的皮影

戏，请同学们一起来欣赏。（教师打开皮影戏表演视频）

（2）教师提问：皮影戏最重要的是用影子表演，根据你们的生活经验，你们认为产生影子需要什么条件呢？〔学生：光（源）、遮挡物〕

这节课老师请同学们一起来研究它。（板书课题：光和影）

设计意图：用富有童趣的皮影戏表演聚焦问题，激发学生研究影子并揭示皮影戏幕后秘密的好奇心。

（二）探索调查

1. 探究影子产生的条件

（1）教师提出任务：现在就请同学们利用手电筒和猪八戒人偶试着制造猪八戒的影子。

（2）学生活动：制造影子，思考影子产生的条件。

（3）师生交流：利用手电筒和猪八戒人偶，你们能制造出猪八戒的影子吗？（学生：不能）还需要什么条件？（学生：屏）

（4）小结：影子的产生需要光源、遮挡物、屏。

（5）引入皮影戏：我们在太阳下走动时会不会产生影子？谁是光源、遮挡物，谁又是屏？（演绎推理）

设计意图：通过给猪八戒造影子的小游戏，学生建立了关于影子产生条件的完整认知，并为探究影子变化规律的活动奠定了基础。

2. 探究影子变化的规律

1）皮影戏第一幕排练——猪八戒影子变大小

（1）教师提问：从刚才的皮影戏中可以发现猪八戒的影子能够变大/变小，老师有一个皮影戏舞台，你们能演出这样的效果吗？小组讨论一下并设计一个合理的方案。

（2）交流实验方案（改变什么条件、不改变什么条件），如表 1-1-1 所示。

表 1-1-1

自变量	控制不变量	因变量
光源远近	屏、遮挡物	影子大小

（3）分组排练第一幕并记录影子的变化。

（4）汇报交流。（共变归纳推理）

（5）小结：影子的大小与光源的远近有关。光源离遮挡物越近，影子越大；光源离遮挡物越远，影子越小。

2）皮影戏第二幕排练——猪八戒影子变方向

（1）教师提问：你们能用同样的方法演出猪八戒的影子来回奔跑的效果吗？小组讨论一下并设计一个合理的方案。

（2）交流实验方案（改变什么条件、不改变什么条件），如表1-1-2所示。

表1-1-2

自变量	控制不变量	因变量
光源远近	屏、遮挡物	影子大小
光源角度	屏、遮挡物	影子方向

（3）分组排练第二幕并记录影子的变化。

（4）汇报交流。（共变归纳推理）

（5）小结：影子的方向随光源角度的改变而改变，影子总是在背光的一面。光源直射时，影子的占格最少，随着光源斜射角度越来越大，影子占格越来越多。

设计意图： 本环节以皮影戏的排练为线索，基于影子变化的现象设计控制变量实验，将实验现象转化为数据并利用共变法归纳影子变化的规律。相比以往教学中的实验设计，自制的实验学具量化了实验结果，为学生学习新知搭建了"脚手架"。

3. 形成解释

（1）师生交流：回顾皮影戏的排练过程，如果按照剧本要求改变影子的方向，怎么演？（学生：改变光源角度）

（2）教师提问：改变光源远近和光源角度，影子的大小都会或多或少地发生改变，影子大小的变化究竟取决于谁的变化呢？

（3）小组活动：使用自制实验学具再次聚焦影子大小的变化，观察两种变量下影子所占格数的变化。（比较）

（4）展示交流。

学生：改变光源远近，影子整体变大或变小，大小的变化明显；改变光源角度，影子整体变高或变矮，高矮的变化明显。

教师：我们把影子高矮的变化称为长短的变化，那么改变猪八戒影子的形状又该怎么演呢?

（5）教师小结并板书，如表 1-1-3 所示。

表 1-1-3

自变量	控制不变量	因变量
光源远近	屏、遮挡物	影子大小
光源角度	屏、遮挡物	影子方向
光源角度	屏、遮挡物	影子长短
遮挡物侧面	光源、屏	影子形状

4. 拓展延伸

（1）教师提出任务：自编一部关于猪八戒和牛魔王的皮影戏，用平板电脑录制视频并配音。

（2）小组活动：自编自演皮影戏。（演绎推理）

（3）学生皮影戏作品展示。

八、【评价设计】

评价设计如表 1-1-4 所示。

表 1-1-4

评价量规	
1. 科学知识评价	
水平 1	说出影子产生的条件及光源的定义
水平 2	说出影子产生的条件及光源的定义，识别来自光源的光和来自反射物体的光
水平 3	列出影响影子大小、方向、长短、形状的因素，说明影子的变化是有规律的
2. 科学探究评价	
水平 1	观察影子，制造影子

评价量规	
水平 2	设法改变影子的大小、方向、长短、形状，基于实验数据分析影子变化的规律
水平 3	应用光和影的知识创编并表演皮影戏
3．科学态度评价	
水平 1	认真观察，如实记录
水平 2	尊重事实证据，基于证据分析问题

九、【案例评析】

本节课的教学设计有以下四点特色。

（1）通过实验学具的创新性设计，将学生对影子变化规律的研究与对皮影的体验巧妙融合，在中华传统文化的情境中实现对影子变化规律的提炼与升华。

（2）将感性操作转化为定量研究，强化学生的证据意识，基于事实证据达成对影子变化规律的本质性认识。

（3）巧用石墨文档软件，实时共享全班数据；巧用图形表现规律，帮助学生提高数据分析能力。

（4）共变归纳推理与演绎推理的综合应用，可拓展学生的推理思维，自然流畅地将探究的要素用"逻辑"串联起来。

十、【板书设计】

板书设计如图 1-1-1 所示。

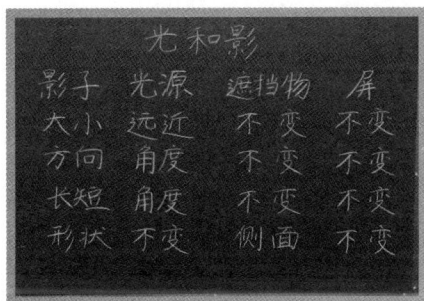

图 1-1-1

十一、【学生实验记录单】

学生实验记录单如表 1-1-5 和表 1-1-6 所示。

表 1-1-5

光源角度	影子方向			影子格数
左侧 30°	□左侧	□中间	□右侧	
左侧 60°	□左侧	□中间	□右侧	
90°	□左侧	□中间	□右侧	
右侧 60°	□左侧	□中间	□右侧	
右侧 30°	□左侧	□中间	□右侧	

表 1-1-6

光源远近	影子方向			影子格数
10cm	□左侧	□中间	□右侧	
15cm	□左侧	□中间	□右侧	
20cm	□左侧	□中间	□右侧	

案例2：潜水艇修理工程师

北京市海淀区万泉小学　梁佳丽

主题	潜水艇修理工程师		
教材版本	教育科学出版社	年级	五年级下册
单元	第一单元　沉和浮	课时	第一、二、三课时

一、【课标内容】

1. 物体具有一定的特征，材料具有一定的性能。

1.2　材料具有一定的性能。

5. 力作用于物体，可以改变物体的形状和运动状态。

5.1　有的力直接施加在物体上，有的力可以通过看不见的物质施加在物体上。

二、【教学目标】

（1）科学知识：说出物体在水中有沉有浮的原理，判断物体在水中的沉浮状态。

（2）科学探究：观察物体及潜水艇模型在水中的沉浮状态，确定沉和浮的判断标准，提出可能影响潜水艇模型沉浮的因素；测试潜水艇模型，推测潜水艇模型不能沉浮的原因；书写卡片并将其粘贴到黑板上，总结概括，拆解问题。

（3）科学态度：体会头脑风暴法是一种有效的学习方式。

（4）科学、技术、社会与环境：了解项目式学习的基本流程。

三、【学情分析】

依据教材内容，我对任教年级76名学生进行了前测，前测结果如表1-2-1所示。

第一章　物质科学

9

表 1-2-1

前测内容	前测结果			
对物体沉浮的判断	能准确判断 7%		不能准确判断 93%	
物体在水中的沉浮与什么有关	认为与轻重有关 50%	认为与体积有关 3%	认为与密度有关 3%	认为与其他因素有关 44%
人在游泳时受到哪些力的作用	认为受到浮力的作用 31%	认为受到阻力、推力的作用 38%	认为受到重力的作用 5%	认为受到其他力的作用 26%
潜水艇为什么既能浮在水面上，又能沉入水中	知道 33%		不知道 67%	

由表 1-2-1 可知，五年级的学生对"沉和浮"的有关知识有一定的认知基础，他们在三年级时认识了一些物体的沉浮原理，但对一些较深奥的问题仍然似懂非懂。例如，学生对物体的沉浮规律缺乏足够的认识，对潜水艇怎样工作缺乏相应的了解，对如何改进潜水艇模型缺乏足够的认识，需要教师进行引导。此外，学生在此之前没有项目式学习的经验，因此在测试完"问题潜水艇模型"后，怎样拆解问题、聚焦问题，还需要教师进行重点引导，这也是本节课的教学重点。

四、【教学重点与难点】

（1）教学重点：利用卡片风暴法拆解问题，明确需要解决的问题。

（2）教学难点：体会头脑风暴法和项目式学习是重要的学习方式。

五、【设计理念】

（一）教学内容

1. 在课标中的分析

本节课隶属"物质科学"领域，本单元的核心概念是物质的密度，它是物质固有的特性之一。密度是物质的质量与体积的比值，它与物质的质量和体积都有关。

2. 在教材中的位置

本节课的教学内容源自教育科学出版社（以下简称"教科版"）五年级下册"沉和浮"单元，我在教学过程中利用项目式学习的方式将教学内容进行了整合，以"潜水艇修理工程师"这一项目主题引导学生展开项目式学习。

教材中教学内容的安排为：从物体的沉浮现象开始探寻物体的沉浮规律，继而研究影响物体沉浮的变量（质量、体积、密度），最后形成有关沉浮现象的本质解释。教材中的教学内容比较零散，缺乏一定的逻辑联系，因此我按照项目式学习的逻辑及本单元的核心概念，以潜水艇模型为载体，帮助学生认识沉浮现象，建构有关沉浮的科学概念，以解决实际问题。

3. 项目整体规划

经过我的本体探究，考虑到真实潜水艇的结构比较复杂，包括艇体、控制系统、动力装置等，如果直接让学生自制一艘潜水艇模型，学生的思维太过发散，可能无法聚焦到沉和浮的问题上，最后偏离本单元的教学主题。为此，我让学生改进一艘不能沉或不能浮的潜水艇模型，更有利于学生聚焦到沉和浮的问题上，从而探索沉浮现象和原理，这属于问题解决型的项目。最终确定项目的主题为：潜水艇修理工程师。

通过分析课标和教材，我确定了项目的整体规划：此项目的任务是让学生测试并改进一艘潜水艇模型，要求改进后的潜水艇模型既能浮在水面上，又能沉入水中，并完成一份改进报告。学生要解决潜水艇模型不能沉浮的问题，需要完成四个任务：任务一，测试潜水艇模型能否实现下沉和上浮；任务二，分析潜水艇模型的沉浮与什么有关；任务三，改进潜水艇模型并测试；任务四，分析潜水艇模型在不同水域中的沉浮状态是否会发生变化。本节课主要拆解任务一和任务二，引导学生形成解决问题的路径，任务三和任务四不进行具体阐述。

4. 整合后的教学内容

基于项目式学习的逻辑和项目的整体规划，我梳理了各个任务和教学内容之间的关系，将教学内容进行了整合，最终确定此项目分为六个课时。

第一课时为项目启动，明确任务；第二课时完成任务一，从浮力和重力的角度探究潜水艇模型的沉浮原理；第三课时完成任务二，探究影响潜水艇模型沉浮的因素，如物体的质量、体积、形状和物体排开的水量等；第四课时、第五课时完成任务三；第六课时完成任务四，从密度的角度探究潜水艇模型在水中的沉浮状态；最后进行成果展示。本节课为第一、二、三课时。

（二）教学方法

《中国学生发展核心素养》提出：要以培养"全面发展的人"为核心，注重培养学生"批判性思维、问题解决、技术运用"等能力。OECD（经济合作与发展组织）开展的 PISA（国际学生评估项目）在评估学生的知识领域时，不仅关注学生在学习和运用知识的过程中的表现，还关注学生的思维及其解决问题的过程，由此可以看出问题解决能力是创新型人才必备的能力之一。因此，本节课的指导思想主要围绕以下两点。

（1）"建构主义学习理论"指出：知识是由认知主体主动建构的，建构是通过新旧经验的互动实现的；认知的功能是适应，它有助于主体对经验世界的组织。本节课采用的头脑风暴法以学生为中心、以活动和问题为主线，通过生生对话、师生对话，让学生在原有知识结构和生活经验的基础上自由、大胆地探索和交流，使学生的思维由发散到聚焦，经历分析与综合、比较与分类、抽象与概括的思维过程，对问题进行分析和拆解，为解决问题奠定基础。卡片风暴法是由头脑风暴法发展而来的一种教学方法，书写卡片能够保持思维的广度。本节课引导学生利用卡片风暴法对问题进行拆解，将思维外显化，最终形成解决问题的路径，为提升学生的问题解决能力奠定基础。

（2）项目式学习以学科的概念和原理为中心，使学生在真实的情境中围绕真实的任务展开学习。通过项目式学习，学生可在一段时间内对与学科或跨学科有关的驱动性问题进行深入、持续的探索，在调动所有知识、能力等创造性地解决新问题、形成公开成果的过程中，形成对核心知识和学习历程的深刻理解，形成解决问题的经验图示，并能在新情境中进行迁移。本节课利用项目式学习的方式整合单元教学内容，引导学生围绕"改进潜水艇模型"展开项目式学习，在解决真实问题的过程中逐步提升其问题解决能力。

六、【教学准备】

（1）教具：PPT、潜水艇视频、潜水艇模型。

（2）学具：水槽 6 个、潜水艇模型、白纸、即时贴（卡片）、黑色水笔、石块、泡沫塑料块、橡皮、回形针、带盖空瓶、易拉罐外皮。

七、【教学过程设计】

总体思路： 本节课是此项目的起始课，本节课的整体设计从以下两个层面展开。第一个层面是学生在驱动性问题的引导下，测试潜水艇模型，观察其他材料在水中的沉浮状态，认识沉浮现象及潜水艇模型存在的问题，并初步分析问题产生的原因。第二个层面是学生进行小组内的头脑风暴和班级内的头脑风暴，利用卡片风暴法将思维外显化，经过分析与综合、比较与分类、抽象与概括的思维过程，将"如何改进潜水艇模型"这个大问题拆解成两个子问题：一是潜水艇模型为什么能沉能浮；二是沉浮因素有哪些？学生初步了解项目式学习的流程，为后续项目的开展奠定基础。

（一）创设情境，揭示任务（5分钟）

1. 播放视频，聚焦沉浮

教师播放潜水艇视频。

学生观看视频。

教师：在视频中你们看到了什么？潜水艇有什么特点？

学生：在视频中看到了潜水艇的下沉和上浮，能够说出潜水艇具有下沉和上浮的特点。

设计意图： 学生在生活中很难看到潜水艇实物，教师借助视频让学生亲眼看到潜水艇的下沉和上浮过程，可以使学生聚焦到潜水艇的沉和浮上，激发学生探究潜水艇沉浮的兴趣，为后面的教学内容做铺垫。

2. 招聘启事，明确任务

教师：某公司想招聘潜水艇修理工程师若干，你们想应聘吗？

随后，教师出示招聘启事，从而揭示项目主题：潜水艇修理工程师。

学生：兴趣高涨，纷纷表示想应聘。

教师出示应聘要求和评价标准。

（1）应聘要求：测试并改进一艘潜水艇模型，要求改进后的潜水艇模型既能浮在水面上，又能沉入水中，并完成一份改进报告。

第一章 物质科学

13

（2）招聘公司对应聘者的评价标准如下。

①具有完整的改进报告，并详细说明改进过程。

②改进后的潜水艇模型既能浮在水面上，又能沉入水中。

教师在此处要引导学生明确自己在改进过程中遇到了什么问题、怎么解决，以及改进后的潜水艇模型是什么样的，并让学生意识到自己即将围绕"改进潜水艇模型"展开项目式学习。

学生：明确了应聘要求和评价标准，书写项目任务和小组成员，意识到自己即将展开项目式学习。

设计意图： 为学生创设真实的学习环境，聚焦项目任务，为解决问题奠定基础，并让学生意识到自己即将展开项目式学习。

（二）测试模型，发现问题（11分钟）

（1）教师出示潜水艇模型：介绍潜水艇模型的组成，注射器是控制系统，其他部分是艇体，如图1-2-1所示。

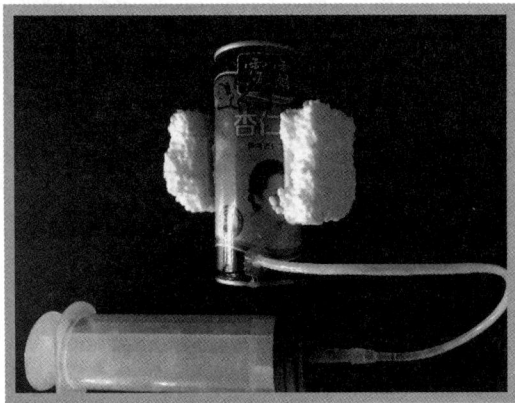

图1-2-1

教师：接下来你们需要做什么？

学生：测试潜水艇模型。

（2）教师出示任务一：测试潜水艇模型能否实现下沉和上浮。

子任务：如何判断潜水艇模型在水中的沉浮状态？

教师：如果在判断的过程中遇到了困难，可以借助材料盒里的其他材料进行判断；如果还不能做出判断，可以画出潜水艇模型的状态，大家一起讨论。

测试方法：慢慢推动或拉动注射器，不要太用力，观察潜水艇模型在水中能否下沉和上浮。

观察方法：将其他材料轻轻放入水中，注意要将材料完全浸入水中，而不是把材料扔进水中，也不是将其放在水面上。

学生：测试潜水艇模型，观察其他材料在水中的沉浮状态，进行记录。

设计意图：在测试的过程中会暴露学生的对沉浮原理的原有认知，学生可能无法准确判断潜水艇模型在水中的沉浮状态，此时教师可为学生提供有结构的材料，帮助学生探索问题，培养学生主动学习的习惯。

教师：在测试的过程中，观察你们的潜水艇模型在水中的沉浮状态。

学生：有人认为会下沉，有人认为会上浮，有人认为会半沉半浮。

教师基于学生反映的问题，适时引导：你们还观察了其他材料在水中的沉浮状态，哪个组和大家分享一下你们观察的结果？

学生：分享观察结果。

教师：你们判断物体在水中的沉浮状态的标准是什么？

学生：碰到容器底部的属于下沉，浮在水面上的属于上浮。

教师出示判断物体在水中的沉浮状态的标准：物体在水中碰到容器底部的现象叫"沉"；不接触容器底部，浮在水面上的现象叫"浮"。

教师出示潜水艇图片：请大家观察潜水艇在水中的几种状态，哪些是沉的，哪些是浮的？

学生：观察图片，判断潜水艇在水中的情况。

教师：现在你们能准确判断潜水艇模型在水中的沉浮状态吗？通过测试，你们发现潜水艇模型有什么问题？

学生：有人的潜水艇模型不能下沉，有人的不能上浮。

教师通过测试引导学生发现潜水艇模型有问题并板书。

板书：发现问题。

学生：将潜水艇模型的问题写入改进报告。

设计意图： 教师通过有层次的提问，帮助学生将观察到的现象进行分析，得出判断物体在水中的沉浮状态的标准，进而帮助学生准确判断潜水艇模型在水中的沉浮状态。

（三）头脑风暴，拆解问题（20分钟）

1. 发散思维，书写卡片

教师：你们的潜水艇模型有的不能下沉，有的不能上浮，可能是什么原因？

学生对测试的潜水艇模型进行分析：有人认为潜水艇模型不能下沉，可能是因为粘的泡沫太轻了；有人认为潜水艇模型不能上浮，可能是因为粘的泡沫太重了；有人认为潜水艇模型进水口的位置太靠边了，导致不平衡等。

教师：要想知道你们分析的原因是否正确，你们需要了解些什么？

教师出示任务二：分析潜水艇模型的沉浮与什么有关。

学生：展开小组内的头脑风暴，讨论需要查的资料和在改进前需要考虑的因素，将讨论的结果写在卡片上，并将卡片粘贴到黑板上。

设计意图： 学生通过小组内的头脑风暴互补短板，将思维外显化，促进小组成员间的互动和协作，为提升问题解决能力提供保障。

2. 梳理分类，拆解问题

教师：现在各组将讨论的结果都粘贴到黑板上了，大家观察一下，看看有什么发现。

学生：每组写的内容有些是相同的，有些意思差不多。

教师引导学生把内容相同或相近的卡片放在一列上，不太确定的先放在一边。

学生：全班一起梳理卡片的内容并进行分类，遇到有争议的卡片，先让写该卡片的小组自己解释，再全班讨论。

3. 总结概括，达成共识

教师：你们提出质量因素，是想探究什么？提出体积因素，又想知道什么？

学生：想知道质量与潜水艇模型在水中的沉浮状态有什么关系，以及潜水艇模型的体积大小会不会影响它的沉浮。

教师：还有哪些因素可能与潜水艇模型在水中的沉浮状态有关？

学生：形状、体积、内部构造、材料等，并将这些因素归为一列。

教师：现在我将你们提出的因素进行分类，分成两大列，请你们给每一列总结一个大的主题。

学生：经过讨论，概括出每一列的主题，即"潜水艇模型为什么能沉能浮"和"沉浮因素有哪些"。

在此过程中，学生经过总结概括，最终达成共识，将"如何改进潜水艇模型"这个大问题拆解成两个子问题：一是潜水艇模型为什么能沉能浮；二是沉浮因素有哪些？

设计意图： 在这个环节中，教师将学习的主体还给学生，利用卡片风暴法将学生的思维外显化，使学生不断经历分析与综合、比较与分类、抽象与概括的思维过程，使其思维由发散到聚焦，将改进潜水艇模型的问题拆解成两个需要解决的问题，最终形成解决问题的路径，为提升学生的问题解决能力奠定基础。

（四）围绕流程，形成解决问题的路径（4分钟）

教师：刚才，大家经过小组内的头脑风暴和班级内的头脑风暴，最终达成了共识，总结出了两个需要解决的问题，其实潜水艇修理工程师在遇到问题时也是这样做的，这样做的目的是什么？

学生：通过教师的引导，意识到进行这个过程的目的是确定需要解决的问题。

板书：确定需要解决的问题——"潜水艇模型为什么能沉能浮"和"沉浮因素有哪些"。

教师：明确了问题后，需要做什么？

学生：动手改进。

教师：你们有改进方案吗？

教师引导学生设计改进方案并板书。

板书：设计改进方案。

教师引导学生明确各组对改进潜水艇模型可能有不同的意见和不同的方案，在后续的改进过程中要进行权衡和取舍。

教师：然后需要做什么？

学生：动手改进并测试，展示成果。

在这个过程中，教师要让学生明确进行这个项目的流程。

板书：改进测试，成果展示。

教师：通过本节课的学习，你们知道要完成改进潜水艇模型的工作都需要做什么吗？

学生：需要解决问题，然后设计方案、改进并测试、展示成果。

教师：下节课你们需要做什么？

学生：解决问题。

设计意图： 使学生初步认识项目式学习方式，围绕改进潜水艇模型的流程，形成解决问题的路径。

八、【评价设计】

评价设计如表1-2-2所示。

表1-2-2

评价方式
1. 通过课堂观察，及时对学生的发言、小组的活动进行评价
2. 通过分析、比较学生的实验记录，对学生进行评价
3. 通过观察学生书写的卡片，对学生进行评价

评价量规	
1. 科学知识评价	
水平1	能够判断物体在水中的沉浮状态，不能准确判断潜水艇模型在水中的沉浮状态
水平2	能够基于物体在水中的沉浮状态，判断潜水艇模型在水中的沉浮状态
水平3	能够基于物体在水中的沉浮状态，判断潜水艇模型在水中的沉浮状态，并提出判断物体在水中的沉浮状态的标准
2. 发现问题能力评价	
水平1	通过测试，知道潜水艇模型存在的问题，但不能确定问题产生的原因
水平2	通过测试，能够初步判断潜水艇模型不能下沉或上浮的原因
水平3	通过测试，能够比较准确地判断潜水艇模型存在的问题及原因

评价量规
3．拆解问题能力评价

水平 1	基本能够将同类信息进行梳理分类，不能进行总结概括
水平 2	能够将同类信息进行梳理分类，能够进行总结概括，但不够准确
水平 3	能够将信息进行归类和拆分，能够准确地进行总结概括，拆解出子问题

4．情感、态度、价值观评价	
水平 1	参与课堂活动，专注度不高
水平 2	参与课堂活动，比较专注
水平 3	积极参与课堂活动，具有持续的专注度

九、【案例评析】

本节课的教学设计有以下三点特色。

（一）提供支架，帮助学生形成解决问题的路径

在项目式学习的过程中，教师基于项目的任务进行整个项目的规划，将一个大的任务拆解成具体的任务，并设计项目的流程。在本节课的学习过程中，问题的拆解过程由学生主导完成，但学生没有形成完整的解决问题的路径，需要教师提供支架并进行引导。在教学过程中，教师可借助板书和有层次的提问帮助学生形成解决问题的路径。在学生测试了潜水艇模型后，教师追问："通过测试，你们发现潜水艇模型有什么问题？"在学生分析完问题后，教师板书："发现问题"，让学生意识到这个过程是在发现问题。在学生拆解出需要解决的问题后，教师追问："大家经过小组内的头脑风暴和班级内的头脑风暴，最终达成了共识，总结出了两个需要解决的问题，……这样做的目的是什么？"这可以让学生在问题的引导下意识到这个过程是在明确需要解决的问题。然后，教师继续追问："明确了问题后，需要做什么？""你们有改进方案吗？"这可以进一步引导学生意识到要先设计改进方案，然后动手改进并测试，最后进行成果展示。借助板书和有层次的提问，学生在教师的引导下最终形成了解决问题的路径，为提升问题解决能力奠定了基础。

（二）将传统教学方法与项目式学习方式相结合，帮助学生建构科学概念

本节课主要围绕"改进潜水艇模型"展开项目式学习，但在教学过程中也运用了传统教学方法。学生在完成任务一"测试潜水艇模型能否实现下沉和上浮"时，教师提出了一个子任务："如何判断潜水艇模型在水中的沉浮状态"，如果学生在判断的过程中遇到了困难，可以借助教师提供的其他材料进行判断。学生在实验过程中经历了预测和验证的过程，不但认识了沉浮现象，还能提出判断物体在水中的沉浮状态的标准，并能借助此标准进一步判断潜水艇模型在水中的沉浮状态。本节课可以帮助学生在遇到问题后进行有目的的观察，从而解决实际问题，更有利于其科学概念的建构。通过将传统教学方法与项目式学习方式相结合，更有利于促进学生问题解决能力的提升。

（三）卡片梳理过程要以学生的思维逻辑为主体

在本节课中，学生利用卡片风暴法对问题进行拆解，将思维外显化，在梳理卡片的过程中，教师要进行适度的引导，要以学生的思维逻辑为主体。首先，在梳理卡片的过程中，教师要给学生留有一定的思考时间，在学生书写并粘贴卡片后，要观察全班的卡片内容，并进行思维加工，反复分析和比较后进行分类。对于学生而言，对内容明确的卡片分类不难，但是有些卡片的内容没有关键词汇，学生分类起来会比较困难。这时，教师要进行引导："你们提出质量因素，是想探究什么？"引发学生的自我反思，让学生分析自己想知道什么，从而明确卡片的所属类别。在这个过程中，教师的追问不能带有明显的意图，不能干预学生的梳理和分类，如不能出现类似"能不能"的问话，这样学生就会被教师"牵着鼻子走"，不能自己拆解问题。因此，卡片梳理过程要以学生的思维逻辑为主体，这样才能真正将学生的思维外显出来，让学生真正地拆解问题。

此外，在本节课的教学中还有一些遗憾。例如，在教学过程中，教师引导学生发现问题、拆解问题，帮助学生形成解决问题的路径，但怎样评价学生是否将其内化，还缺少具体的评价方式和量规，这也是今后教师在教学过程中要继续研究和探索的方面。

案例 3：电生磁

北京市翠微小学　李佳乐

主题	电生磁		
教材版本	教育科学出版社	年级	六年级上册
单元	第三单元　能量	课时	第一课时

一、【课标内容】

6.6.2　一种表现形式的能量可以转换为另一种表现形式。

二、【教学目标】

（1）科学知识：知道电可以生磁，解释指南针的磁针偏转方向与电流方向的关系——吸引或排斥；解释磁铁靠近通电导线时发生吸引或排斥的原因。

（2）科学探究：进行通电导线使指南针的磁针发生偏转的实验，并能够通过分析进行解释，得出指南针的磁针偏转方向与电流方向的内在关系。

（3）科学态度：体验科学史上著名的发现电磁现象的过程，意识到留意观察、善于思考的重要性；产生研究电磁现象的兴趣。

（4）科学、技术、社会与环境：了解人类的好奇心和社会的需求是科学技术发展的动力，科学技术的发展和应用影响着社会的发展。

三、【学情分析】

六年级的学生已经学习了其他关于能量的知识，包括三年级下册"磁铁相关知识"、四年级上册"声音的产生与传播"、四年级下册"简单电路"、五年级上册"光的传播"、五年级下册"热现象"。学生已经知道了能量有不同的形式，但是对于不同形式的能量之间可以转换的上位概念了解不多。

学生从生活和科学课中已经对能量有了一定的感性认识，能用"能量"这个词，但其头脑里还没有一个关于能量的科学概念。通过日常的生活和课堂的学习，学生对电和磁比较熟悉，已经知道"电流可以使灯泡发亮""磁铁有两极，同极相斥，异极相吸"，教师可以此为切入口，先帮助学生认识电可以生磁，再让学生逐步展开对能量转换的认识。

六年级的学生已经具有一定的逻辑分析能力，并通过科学课的积累使其实验操作、收集证据、分析推理等能力达到小学阶段的较高水平，但是由于学生自身的发展特点，即处于形象思维向逻辑思维过渡的阶段，因此他们对于所收集的证据的分析和利用还有所欠缺。

四、【教学重点与难点】

（1）教学重点：知道电可以生磁。

（2）教学难点：进行通电导线使指南针的磁针发生偏转的实验，并能够通过分析进行解释，得出指南针的磁针偏转方向与电流方向的内在关系。

五、【设计理念】

小学科学课程把探究作为学生学习科学的主要方式。通过合作与探究，逐步培养学生提出科学问题的能力、收集和处理信息的能力、获取新知识的能力、分析问题和解决问题的能力，以及交流和合作的能力，发展学生的创新性、批判性思维和想象力。课堂探究活动应该在"核心概念"的引领下开展，以引导学生用探究的方法建构概念，在建构概念的过程中培养科学素养。

探究式教学运用"动手做"和"过程导向"的方式促进学生建构核心概念，培养学生的探究技能和思维习惯。此外，探究式教学鼓励学生将已有的知识与观察到的现象联系起来，以丰富个人的科学知识，理解周围的世界。

本节课不是简单地得出"电生磁"的结论，而是帮助学生将已有的知识与观察到的现象联系起来，亲自收集证据，形成对问题的看法，经过讨论和辩论，建构和理解核心概念，用推理、排除、对比、类比等思维方法分析问题，通过观察、实验和推理获取正确的知识,并了解科学知识是相对稳定且不断发展的。本节课围绕"核心概念"展开教学,这个核心概念只有一个,每个环节都是围绕这个核心概念展开的,各个环节清晰、层层递进,可以提高学生的思维能力。

六、【教学准备】

(1)教具:PPT、铁钉、磁铁。

(2)学具:简单电路1套、指南针。

七、【教学过程设计】

总体思路:本节课将带领学生"重演"科学史上著名的发现电磁现象的过程,让学生"发现"通电导线能使指南针的磁针发生偏转,从而认识电可以生磁。通过实验,增强学生学习活动的探究性、趣味性。本节课最大的特色是不仅"重演"了奥斯特的实验过程,还真实地"重演"了奥斯特的思维过程,这样更有助于学生科学素养的培养。

(一)创设情境,复习旧知,促进认知衔接,承上启下

1. 复习磁铁的知识

(1)教师出示指南针并提问:这是什么?它在生活中有什么用处?

关于指南针学生都很熟悉,在三年级时进行过学习,所以学生能回忆起它的作用。这时候,教师要追问"它指示什么方向",为下一步提问奠定基础。

(2)提问:根据三年级学过的知识思考一下,如果不碰到指南针,你们能让指南针的磁针发生偏转吗?

引导学生说出铁钉或磁铁类的物质能使磁针发生偏转。

(3)追问:铁和磁能使磁针发生偏转,如果把铁钉和磁铁分别放在磁针右侧,磁针的偏转有什么不同吗?

引导学生进行比较,总结出铁钉只能使磁针朝同一方向偏转,二者只能相吸;而磁铁可以使磁针朝两个方向偏转,因为磁铁有两极,二者可能相斥也可能相吸。

(4)总结:这是大家在三年级时学过的磁铁相关知识,在四年级时大家学习了

简单电路的知识。

设计意图： 良好的开端是成功的一半，一堂课有好的开头，是其成功的关键。针对学生好奇心强、求知欲旺盛的特点，教师通过提问和演示实验，将学生已有的知识、经验作为新的探究活动的起点和基础，从而唤醒学生对原有知识的理解，即磁铁的特点是有磁场，而磁场有方向。

2. 复习简单电路的知识

（1）提问：闭合开关之后灯泡为什么会亮？

引导学生回忆原有知识，想到有电流流过灯泡会使它发亮。

（2）追问：还记得电流在电路中的流动方向吗？

师生共同复习电流在电路中的流动方向，即电流从电池的正极流出，经过导线、开关、灯泡回到电池的负极。

设计意图： 唤醒学生对原有知识的理解，即电路中有电流，电流是有方向的。

3. 聚焦话题

（1）引出话题：电能和磁能都是人类社会非常重要的两种能量，人类很早以前就发现了磁。

教师展示 PPT 并回顾人类认识电和磁的历史。

（2）谈话：1820 年，丹麦科学家奥斯特在一次实验中偶然将通电导线靠近了指南针的磁针，继而发现了一个奇怪的现象，这个发现为人类大规模地利用电能打开了大门。他发现了什么，你们想知道吗？

设计意图： 学生的学习活动是重要的认知过程，导入环节的一大功能就是引导学生为新的学习活动做好认知方面的准备，促进新旧和旧知的衔接。学生通过复习旧知，为后续讨论"通电导线使指南针的磁针发生偏转的原因"奠定理论基础，便于厘清思路。

（二）尝试探究，建构核心概念——电可以生磁

1. "重演"通电导线使指南针的磁针发生偏转的实验

（1）介绍实验方法：利用简单电路，拉直其中一段导线靠近磁针，使其与磁针

的方向一致（见图1-3-1）。

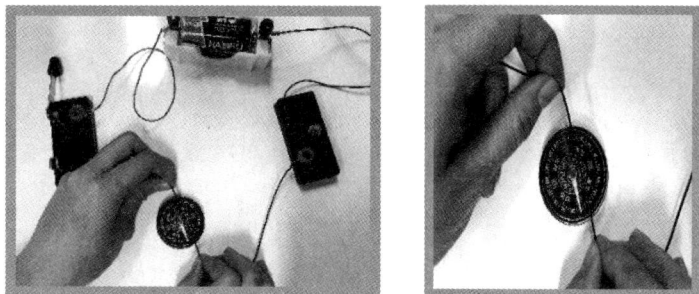

图1-3-1

（2）提出记录要求。

①将导线统一放在磁针的右侧。

②观察：通电时、断电后，磁针有没有变化？

③用红笔标出通电后磁针的位置，用蓝笔标出断电后磁针的位置。

④用红笔标出磁针右侧导线中的电流方向。

（3）学生分组实验。

（4）组织汇报：你们发现了什么现象？（将各组的实验记录贴到黑板上）

预设一：通电时磁针偏向导线，断电后回到原来的位置。

预设二：通电时磁针远离导线，断电后回到原来的位置。

（5）概括：通电导线靠近磁针时，磁针发生了偏转，且偏转的方向不同。

设计意图： 通过重现奥斯特的实验过程，为后面重现奥斯特的思维过程做铺垫。

（6）将磁针的偏转与电流建立联系。

提问：现在有两个问题，第一，磁针的偏转与什么因素有关；第二，磁针偏转方向不同又与什么因素有关？首先研究第一个问题，磁针的偏转与什么因素有关？你们的理由是什么？（思维方法：排除法）

预设：学生认为是电的原因，教师追问理由，得到两种回答。

①断电和没通电时，磁针都没有偏转，而通电时磁针发生了偏转，所以是电的原因。

②通电之前磁针没有偏转，而且导线是铜的，磁铁不会吸引铜，所以磁针发生偏转不可能是导线的原因。

设计意图： 关于第一个问题，学生通常会说出"电流"，此时教师不要急于得出结论，而是让学生说出理由，分析比观察更符合科学探究的本质。运用排除法，将磁针的偏转与电流建立联系，为后面建构核心概念搭建脚手架。

（7）总结：看来目前无法解释为什么电流能使磁针发生偏转，但我们知道了除铁钉和磁铁外，电流也可以使磁针发生偏转。

2. 探究磁针偏转方向与电流方向之间的关系

（1）提问：接着研究第二个问题，你们认为磁针偏转方向不同是什么原因造成的？

预设一：学生可能想到与通电导线放置的位置有关，将导线放在磁针的左侧它就会往左偏，放在磁针的右侧它就会往右偏。

如果学生想到这种可能，教师可以马上请学生说一说，他们的导线放在了磁针的什么位置。但因为实验前已经提醒过学生，将导线统一放在磁针的右侧，所以这里学生会用事实告诉教师，大家的导线位置是一样的，可以排除导线放置的位置不同这一原因。

通过实验记录的展示，学生会发现电池的方向不同，这时教师可以提示学生电池的方向不同，电流在电路中的流动方向就不同，从而引出磁针偏转方向与电流方向之间的关系。

预设二：学生可能想到与电流方向有关。

这时，教师可以追问学生他们为什么认为与电流方向有关，引导学生说出"因为磁针的偏转与电流有关，电流又有流动方向，电池的方向改变了，电流的方向就会改变，磁针的偏转方向也会改变，所以是电流方向影响磁针偏转方向"的结论。

（2）交流实验现象并得出结论：通电导线中的电流方向改变之后，磁针偏转方向也发生了改变。

教师引导：我们也可以把磁针偏转方向写成吸引或排斥，而且这个偏转方向与电流方向有关。（板书：吸引/排斥）

设计意图：在这个环节，学生已经可以根据各组的实验结果分析出磁针偏转方向与电流方向有关，无须再做改变电流方向的实验。而且改变电流方向的实验不是思维上的改变，只是操作上的改变，可以让学生在课下探究，而这个环节的重点是让学生知道电可以生磁，这是一个思维上的分析过程。

3. 通过对比，初步建立电流与磁的联系

通过实验，学生知道电流能使磁针发生偏转，且其偏转方向与电流方向有关，那么需要思考为什么电流能使磁针发生偏转。

教师引导：大家已经推理出铁钉能使磁针发生偏转是因为它是铁类物质，而磁铁是因为有磁性，你们能分析一下为什么电流能使磁针发生偏转吗？（思维方法：类比法）

在这个环节，教师应让学生充分发言并说出自己的理由。如果学生不能直接说出理由，可以引导学生根据已经学过的知识进行类比，提出分层问题：这个现象与铁钉靠近磁针时的现象一样还是与磁铁靠近磁针时的现象一样？在搭建了这个脚手架之后，引导学生思考：如果是电流使导线具有了"铁"的性质，那么磁针会朝着电流的方向偏转，二者只能吸引；而实验中有的组的磁针却朝着相反的方向偏转，说明二者有吸引也有排斥，这和磁铁靠近磁针时的现象一样，说明电流产生了磁而不是使导线具有了"铁"的性质。

设计意图：学生要想参与更多的思维活动，必须依据已经学过的知识对问题进行分析和应用，教师只提供简单的解释和已知原理的例子。这种思维型提问能使教学活动向更深层次方向发展。

（三）进一步探究，巩固核心概念，明确电生磁的原理

（1）提问：让通电导线靠近磁针，改变电流方向，磁针会出现吸引或排斥现象，而让磁铁靠近通电导线，大家认为会出现什么现象？说一说你们的理由。

预设：磁铁靠近通电导线，导线也会动，改变磁铁的方向，导线可能也会出现吸引或排斥现象。

（2）教师引导学生进行实验观察。通常，学生都是顺着思路进行思考的，他们往往会忽略观察的目标而把重点放在动手上，但将理论上可行的内容转化成实验需

要学生全面考虑问题。因此，这时候教师不要急于让学生动手，而是明确观察的内容，这有利于学生思维的拓展。

（3）实验交流：大家发现了什么？

（4）概括：磁铁能使通电导线发生偏转。

设计意图： 因为电生磁，通电导线周围有磁场，且磁针偏转方向与电流方向有关，磁针与通电导线会吸引或排斥，所以用磁铁靠近通电导线也会出现吸引或排斥现象。教师要在引导学生建构核心概念、发现科学规律的过程中提出关键问题，调动学生学习的积极性。美国心理学家布鲁纳说过："向学生提出挑战性的问题，可以引导学生发展智慧。"

（四）总结与拓展

（1）总结：奥斯特经过3个月的反复研究，在其论文中指出，导体中的电流在导体周围产生了一个环形磁场，从而使磁针发生偏转，反之，磁铁也能使通电导线发生偏转。他从这两方面证实了电与磁之间有密切的联系。他的研究奠定了"电磁学"的基础，促进了19世纪科技的大发展。

（2）拓展：奥斯特的这个研究虽然结束了，但是大家的研究刚刚开始，请大家根据本节课所学的内容和方法，思考有什么办法能让磁针偏转得更明显。

设计意图： 基于本节课的内容，让学生思考有什么方法能让磁针偏转得更明显，如增加电流强度（短路）、磁场叠加（通电线圈），为后续对电磁铁的研究做铺垫。

八、【评价设计】

（1）在教学过程中渗透教学评价。例如，在学生设计实验的过程中，教师可以充分地参与到学生的设计过程中，并在适当的时候发表自己的观点和看法；及时发现学生实验中的亮点并给予充分的肯定，在学生的实验出现问题时给予其适当的帮助；通过小组合作学习的方式为每个学生创造机会并进行展示，关注学生的思维发展，激发他们的自信心。

（2）在学生合作学习的过程中，教师要关注学生的自主参与程度和合作交流的意识，及时发现问题并给予其鼓励和指导。

评价设计如表 1-3-1 所示。

表 1-3-1

评价量规	
1. 科学知识评价	
水平 1	知道通电导线可以使指南针的磁针发生偏转，不知道电流产生了磁
水平 2	知道通电导线可以使指南针的磁针发生偏转，且电流产生了磁，不能说出理由
水平 3	知道通电导线可以使指南针的磁针发生偏转，且电流产生了磁，能够说出理由
2. 科学能力评价	
水平 1	不能通过逻辑分析进行猜想，将电流与磁建立联系
水平 2	能够通过逻辑分析进行猜想，将电流与磁建立联系，不能设计实验并进行验证
水平 3	能够通过逻辑分析进行猜想，将电流与磁建立联系，能够设计实验并进行验证
3. 科学态度评价	
水平 1	在学习过程中不能与同伴合作，学习兴趣不高
水平 2	在学习过程中主动与同伴合作，学习兴趣浓厚
水平 3	在学习过程中主动与同伴合作，认真听取并虚心接受同伴的建议，学习兴趣浓厚

九、【案例评析】

（1）本节课的教学理念与以往不同。以往教学中只重视让学生亲历奥斯特的实验过程，而这节课的设计重在让学生"重演"奥斯特的思维过程。本节课为学生提供了多种逻辑推理的方法，包括排除法、对比法、类比法、运用旧知演绎新知的方法。

（2）本节课概念的建构与以往不同。以往教学中往往在让学生发现通电导线能使磁针发生偏转后就给出了概念——电生磁，学生很茫然。因为在学生的前概念中使磁针发生偏转的原因有两个：一个是磁，另一个是铁。为什么通电导线产生的是磁性而不是铁性呢？学生的头脑中会出现这样一个疑问。这节课的设计主要从学生的思维角度出发，通过建立假设、对比推理、逻辑分析、实验并分析现象，最终建构核心概念——电生磁，使学生心服口服，体会到科学研究的思维过程和科学家严谨的科学态度。

十、【板书设计】

板书设计如图 1-3-2 所示。

电生磁			
铁钉	偏转	吸引	铁类物质
磁铁	偏转	吸引/排斥	有磁性
电流	偏转	吸引/排斥	产生磁

图 1-3-2

案例4：拱形建筑的秘密——来自鸡蛋的启示

江苏省徐州市铜山区柳泉镇实验小学　王玮

主题	拱形建筑的秘密——来自鸡蛋的启示		
教材版本	教育科学出版社	年级	六年级上册
单元	第二单元　形状与结构	课时	第四课时

一、【课标内容】

1. 物体具有一定的特征，材料具有一定的性能。

1.2　材料具有一定的性能。

五至六年级　观察常用材料的漂浮性能、导热性能等性能，说出它们的主要用途。

二、【教学目标】

（1）科学知识：依据教科版六年级上册第二单元"形状与结构"第四课"找拱形"的教学目标，这节课是在上节课研究拱形的特点的基础上，进一步拓展学生对拱形的认识，是"形状与结构"这个单元承前启后的一节关键课。它主要包括以下三项内容。

①认识圆顶形和球形等具有拱形相似特点的弧形结构。

②认识生活中、生物体中出现的拱形。

③了解圆顶形、球形及各种弧形结构的受力特点。

（2）科学探究：对力作用于蛋壳凹面、凸面所造成的不同现象产生探究的欲望和兴趣；学习生活中的科学，提高观察生活的能力和对活动的反思能力，激发对自然科学的研究兴趣。

第一章　物质科学

31

（3）科学态度：经历多个"否定之否定"的思维过程，能在实践活动中丰富创新精神，提高动手实践的能力，感受到丰富多彩的趣味生活，形成健康向上的生活态度。

（4）科学、技术、社会与环境：意识到自然科学现象的启发与利用能够推动科学技术的探索与发展，对物质的材料与结构的认识越来越准确、深入。

三、【学情分析】

对六年级的学生来说，本节课的学习是非常困难的，原因有两个。第一，本节课中力学知识的抽象性、综合性较强，较多地用到了前面的知识，对学生的分析推理能力、抽象思维能力的要求比较高。而六年级的学生在小学阶段几乎没有接触过系统的力学分析方面的教育，缺乏对拱形的科学了解，与学习本节课应具备的知识储备相去甚远。所以，本节课将日常生活中的鸡蛋与实验设计结合起来，通过探究、观察实验现象，让学生更深入地了解压力的相关知识，从而达到巩固的目的。第二，本节课是在学完拱形知识的基础上对拱形知识进行的一次巩固性、系统性的复习，教材中利用虚实线或空间几何插图表现了一个拱形，以拱顶和拱脚中点连线为轴旋转成了圆顶形，而拱形旋转成球形的插图则强调了球形是以拱脚连线为轴旋转形成的。学生需要找到圆顶形、球形与拱形相似的地方，而在实际学习中学生看不到实体圆顶形、球形和拱形，因此对空间观念不强的小学生来说不易理解。这就需要教师采用多种教学方法（引导—探索法、分组讨论法、实验探究法等），降低学生对球形空间内部的建模难度，通过设置教学情境，引导学生探究拱形建筑的特点，继而在解决这个难题时，用理性的实验代替感性的分析，学生接受起来更加容易。

四、【教学重点与难点】

（1）教学重点：对拱形建筑进行受力实验、分析与探究，并联系鸡蛋与建筑上的应用。

（2）教学难点：建立拱形与圆顶形、球形的联系，初步认识圆顶形和球形等具有拱形相似特点的弧形结构。

五、【设计理念】

（一）教学内容

"找拱形"是"形状与结构"这个单元起到承前启后的关键作用的一节课，是教科版六年级上册第二单元的第四课。教材中以三段高度概括的文字说明圆顶形、球形承受压力的原理，直接用文字陈述圆顶形与拱形的关系、球形与拱形的关系，力学分析的文字太抽象让学生找不到联系点，不易理解，因此认识也较模糊。通观本节课的教材，还涉及对物质形状的力学分析，需要调动学生的空间想象能力，这已经超出学生的思维特点，学生感到难学，教师感到难教。本着拓展课堂、突破教材的教研心态，我进行了教学设计，并于 2017 年 6 月在徐州市小学科学创新实验大赛中执教展示。

（二）教学方法

科学新课标指出："要重视引导学生在课后开展后续活动。"我设计本实验向学生解释拱形承受压力大的原因，有助于正确引导学生对拱形建筑进行受力实验、分析与探究，初步认识圆顶形和球形等具有拱形相似特点的弧形结构，明确感知拱形能承受较大的压力的现象，并联系鸡蛋与建筑上的应用，明确圆顶形可以看成是若干个拱形的组合，因此具有拱形承受压力大的特点，为学生学习拱形建筑的结构与应用奠定基础。本节课结合多媒体及引导—探索法、分组讨论法、实验探究法等教学方法，重视学生的探究性学习，设计了一系列生动可靠的实验活动来演示"拱形建筑的秘密——来自鸡蛋的启示"的科学实验，并指导学生用鸡蛋进行探究，让学生清晰地观察并寻找鸡蛋的奥秘，以此揭示各种拱形建筑的秘密。

六、【教学准备】

（1）教具：PPT、1 个鸡蛋（直径约 4.4cm）、2 个胶带卷圈、重物（≤8kg）、铁架台、玻璃漏斗、花料染成的红色的水、玻璃碗、塑料小量杯。

（2）学具：若干蛋壳（均分成两半）、固定蛋壳底座（牙签筒）、铅笔、自制卷纸筒漏斗。

我利用以上装置多次测试得出 1 个半蛋壳能承受约 7.5kg 的压力，3 个半蛋壳能承受约 8kg 的压力，如表 1-4-1 所示。

表 1-4-1

	实验说明	承受书本的重量（kg）					
		第 1 次	第 2 次	第 3 次	第 4 次	第 5 次	第 6 次
1 个半蛋壳	受力的方向相同；在竖着放的蛋壳上做承重实验，逐级往上加 0.1kg 的书本，蛋壳出现破损即称重的极限	7.6	7.5	7.5	7.5	7.5	7.6
3 个半蛋壳		8.0	8.0	8.0	8.1	8.0	8.1

七、【教学过程设计】

总体思路：拱形在承受压力时，会向下、向外传递承受的力，各部分相互挤压、结合紧密，因此能承受很大的压力；抵住拱脚后，它的承受力会更大。本节课用鸡蛋代替乒乓球做圆顶形物体承重实验，教材中用的是乒乓球，但就学生的生活常识来讲，他们认为乒乓球太过结实，能够承受重压也在情理之中。为了获得更好的效果，我改用鸡蛋来做这个实验。该实验的优点是取材容易、对比鲜明、有震撼力、收效良好。

建立拱形与圆顶形、球形的联系是本节课教学的一个难点。例如，教师在试着解释圆顶形承受压力大的特点时，可以利用圆顶形与拱形相似的地方得出结论。但在学生的认知中，力是比较抽象的，学生很难从拱形中找到圆顶形承受压力大的特点，对于圆顶形承受压力大的原因就更难理解了，因此有关内容既是重点也是难点。我利用鸡蛋让学生用动态的视角，观察蛋壳中相同的拱形结构及其受力过程，把教材中的抽象说明变成了直观、有形的实体，将抽象的实验形象化，有效解决了这个难题，学生也更易理解并能自主探究拱形承受压力大的特点。

奇妙的鸡蛋为我们展现了以最少的材料造出最大的空间，并承受较大的压力的大自然的杰作，让学生了解科学知识除了可以从书本上学，还可以从身边的生活实践中学，以此激发他们对身边事物的探究兴趣，进而深刻理解圆顶形等拱形建筑承受压力大的实质原因。在整个教学过程中，我只进行启发式的点拨，引导学生自主探究、分组讨论，提出问题并解决问题，加强自身的科学素养。

（一）寻找鸡蛋坚固的原因

实验一：手掌"碎"鸡蛋

（1）学生实验：要求小组合作探究，先请组长检查鸡蛋是否完好，然后由小组成员轮流把鸡蛋放在手心，并用力握紧，如图1-4-1所示。

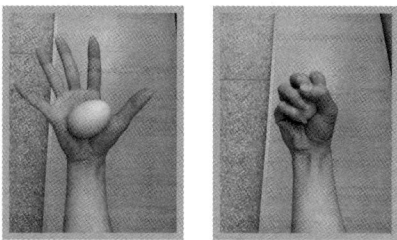

图1-4-1

（2）交流讨论：蛋壳那么薄，为什么握不碎呢？这与鸡蛋的什么有关呢？

引导学生思考为什么用手握比不过在桌角轻轻一敲。

设计意图：本节课立足于科学探索的学习，因此质疑显得很重要。教师引入形象的"手掌'碎'鸡蛋"实验，并用知识铺垫，以旧引新、设置悬念，这对于帮助学生理解鸡蛋与拱形的联系是有益的。

（3）预测学生归纳：鸡蛋是圆顶形的，物体的抗压能力和它的形状有关。学生回忆知识，思考并质疑，提出"鸡蛋与拱形是否有相似的特点"等问题。

（4）组织学生实验验证，小组发言。教师根据学生的回答板书。在学生回答的过程中，教师适时出示球形、圆顶形建筑的PPT，以加深印象。

设计意图：理解拱形承受压力大的特点是本节课学习的基础。这个环节将抽象的概念变得直观，让学生在趣味中理解并进行自主探究，还可以引起学生的期待，承上启下，引出实验二，对这个问题继续展开自主探究。

（二）寻找蛋壳破碎的原因

实验二："洪水"浇蛋壳

（1）学生实验：取玻璃漏斗、红色的水，在离蛋壳凸面顶部15cm处垂直往蛋壳凹面、凸面注水，并指导学生用笔描绘水流流过鸡蛋（圆顶形承受压力）的过程，重复以上实验三次，如图1-4-2所示。

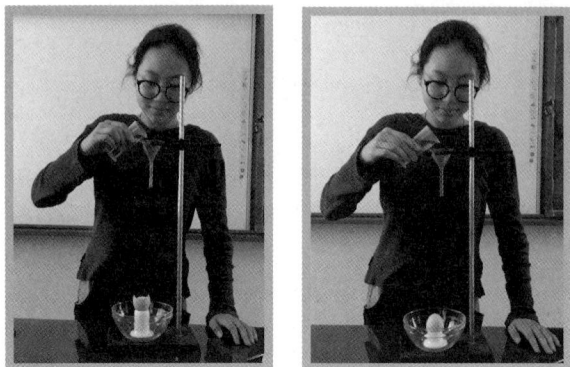

图 1-4-2

（2）谈话：大家经过实验研究和讨论，认为鸡蛋是圆顶形的，发现了鸡蛋能保持不碎是非常了不起的本领。

设计意图： 课前教师收集一些均分成两半的蛋壳，将蛋壳的边缘修剪整齐，并把高度差不多的 2 个半蛋壳调整为一组，坏的或无法搭配的蛋壳留作学生观察使用，方便学生比较和共享，提高学生的分组交流效率。

实验三："尖箭"砸蛋壳

（1）学生实验：取 1 个半蛋壳，先将它凹面朝上放在底座上，取一支铅笔，在离蛋壳凸面顶部 15cm 处垂直落下，结果蛋壳被笔尖戳穿了；之后，将蛋壳翻过来，使其凸面朝上放在底座上，仍用刚才那支铅笔，让它在离蛋壳顶部同一高度垂直落下，砸在蛋壳顶部，结果蛋壳毫无破损，如图 1-4-3 所示。

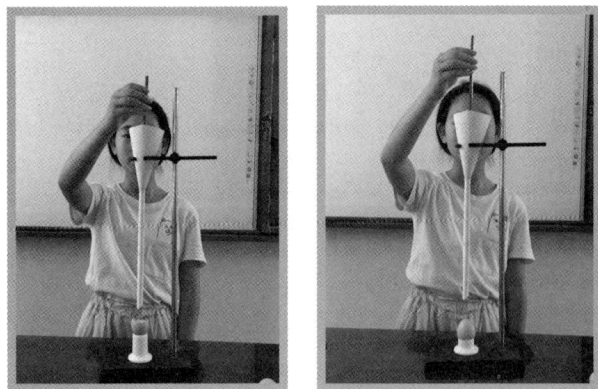

图 1-4-3

设计意图： "自由落体的铅笔使凹面蛋壳被戳穿，凸面蛋壳毫无破损。"由此实验现象启发学生解释圆顶形能承受较大压力的原理，引发学生联系生活中的拱形建筑发现自然规律，理解拱形具有很好的抗压性的原理。在这个过程中注意引导学生观测蛋壳被砸后留下的铅笔印的痕迹。

（2）启发学生解释：拱形能承受较大压力的原理，即圆顶形承受压力的过程。

（3）根据学生的发现出示 PPT，再现实验原理：注水的力就像铅笔落在蛋壳上的力，当水落在蛋壳凸面时就散开了，而铅笔上的力大部分沿蛋壳表面分散了，所以蛋壳不容易破。

实验的注意事项如下。

①力是看不见的，所以用红色的水代表力。

②在同一水平面上丢下铅笔，保证每次给予蛋壳的力都相同。

③重复三次凹凸面注水实验，水量由少变多，让学生观察水流路线并画图，完成力的分析，如图 1-4-4 所示。

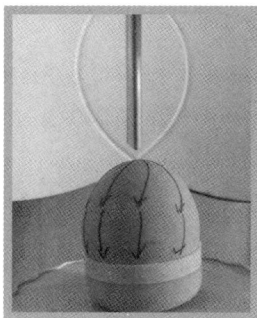

图 1-4-4

（4）设问：这在建筑上有没有相似的结构？为什么这样设计？

根据学生的回答出示 PPT：拱形桥面也能承受较大的压力。

设计意图：引入"蛋壳凸面"说并和"拱形桥面"进行比较，实际上是在展现人类认识拱形的基础上，让学生发现建筑上蕴含的拱形是具有一定的科学功能性的。根据实验结果的直观反差，学生自主归纳出"鸡蛋是圆顶形的，物体的抗压能力和它的形状有关"。

（5）设问：将力作用在蛋壳的凹面，看看红色的水流到了哪里。

学生：当水落在蛋壳的凹面时，水集中在蛋壳里，就像力集中在蛋壳的中心，

蛋壳就容易破。（蛋壳里面，力集中在一起）

（6）设问：将力作用在蛋壳的凸面，看看红色的水流到了哪里。

学生：水是从蛋壳凸面顶部向周围流下去的，水的流动路线说明了力在蛋壳凸面上能分散传递。（蛋壳的凸面即圆顶形）

设计意图： 放开手，多启发，不断向学生设问，并及时、有效地加以评判和反馈，使学生在整堂课中得到合理有效的评价。本次实验对圆顶形的特点建构不是空穴来风或人云亦云的，而是学生在观察的基础上自主建构的结果。

阅读教材，师生推导并总结发现的自然规律：圆顶形具有很好的抗压性，即能承受较大的压力，但抗拉性较差，即经不起较大的拉力。蛋壳的外形弯曲均匀而且对称成圆顶形，因此蛋壳外部某一部分受到的压力便均匀地传给其余各部分，并且巧妙地相互"抵消"。但是，当这个压力（重力）是从蛋壳内侧向外施加的时，蛋壳各部分所受到的便是拉力了，所以蛋壳就容易破。

设计意图： 学生观察实验现象并画图，完成力的分析，进行细心剖析—细致观察—描述观察的"拱形的力量"揭秘探究。

（三）探究小鸡蛋承重大的秘密

实验四：小鸡蛋、大承重

（1）学生实验：实验前先让学生调动多个感官参与观察，感受蛋壳的薄、脆、易碎的特点，接着指导学生在竖着放的鸡蛋上做承重实验，并逐级往上加 0.1kg 的书本，如图 1-4-5 所示。

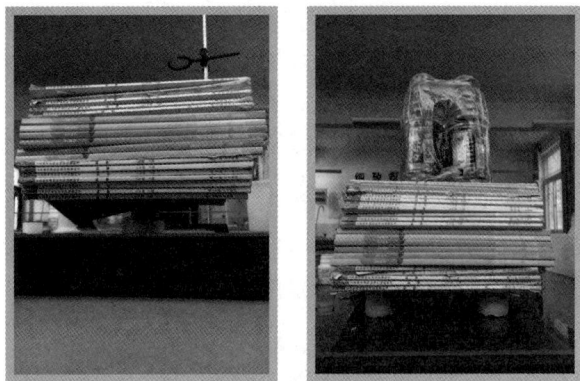

图 1-4-5

（2）设问：为什么鸡蛋要竖着放，而不是横着放？

在实验过程中，教师应指导学生观察，鸡蛋横着放的结构实际上是由长弧和短弧构成的。

学生认识到圆顶形的实质是拱形，圆顶形和球形只不过是拱形的"变种"组合。教师将鸡蛋横放承重实验布置给学生，留待课后观察、思考，给学生探究、拓展的空间。

（3）出示实验原理图：鸡蛋竖着放的时候，它所有的弧度都是一样的，这就是坚固的圆顶形结构。其实圆顶形是由无数个拱形组合而成的，而因为各个拱脚又形成了底部的圆，使拱脚很难再产生对外的推力，所以圆顶形的抗弯曲能力提高了很多。因此，当自上而下施加压力时，长弧和短弧的结构远不及圆顶形结构受力稳定、均匀。

设计意图：看到蛋壳居然能够承受这么多本书的重压，前后产生的巨大反差让学生惊讶不已，真真切切地领教了圆顶形结构的承重本领。这个环节借助学生对圆顶形特点的理解，使其认识拱形承受压力大的特点。

实验讨论时，教师进一步结合PPT，展示拱形建筑物、隧道、桥梁、屋顶等图片，通过观察、实验和分析，学生逐渐解释、揭示了建筑物呈圆顶形的奥秘：圆顶形可以看成拱形的组合。圆顶形和球形受力的特点与拱形有关：它们有拱形承受压力大的特点，而且不产生向外推的力。

设计意图：利用鸡蛋承重实验，引导学生在课后了解拱形建筑承受压力大的原理。

（四）PPT 展示问题，组织学生讨论

（1）设问：假如你是一位工程师，你如何将蛋壳的原理应用到建筑上？其实，很多建筑物常以蛋壳的原理为基础做成薄壳结构，这种薄壳结构不仅外形美观，而且省省人力、物力，你们能解释其中的科学原理吗？

设计意图：让学生了解利用蛋壳的原理将建筑物做成薄壳结构，不但可以节省人力和物力，还能把建筑物承受的压力进行巧妙的分解。顶虽薄，却很耐压，经得起风雨和积雪的考验。

（2）讨论：这个薄薄的倒扣在地下的"大碗"支撑着高大的铁塔或烟囱，它将建筑物所承受的巨大的压力传到了下面的土壤中。

八、【评价设计】

按照切入的时机和发挥的功能来区分，教学评价可以分为形成性评价和总结性评价。我在本节课的教学中，适时地采用了这两种评价方式。

（一）形成性评价

形成性评价注重对学生学习过程的关注，其作用是使学生了解自己的学习状况，有助于学生开展自主学习。本节课通过实验引发讨论，培养学生探索事物现象的能力；通过观察实验，培养学生从现象到本质的认识能力；通过自己动手实验与讨论，培养学生团结协作的能力；通过画图分析将抽象的概念具体化，让学生观察水流路线并画图，完成力的分析。这种贯穿于全课的形成性评价既有利于学生的自主学习，又能帮助教师及时调整教学策略。课后开展鸡蛋横放承重拓展实验，给学生留有观察、思考、探究的空间。

（二）总结性评价

以往一节课的总结性评价无非是学生做做习题或由教师发表一番感受，这种评价模式往往是低效的甚至是无效的。无论是做习题还是听教师发表感受，都没有真正暴露学生的真实想法，其评价效果可想而知。我在本节课教学结束前创设了一个情境："假如你是一位工程师，你如何将蛋壳的原理应用到建筑上？"让学生进行角色代入。学生围绕这个情境，根据本节课所学的知识纷纷发表了自己的真实想法，这样的总结性评价的效果是值得肯定的。

九、【案例评析】

在本着"科学"课堂教学的同时，我认为小学科学实验应拓展课堂、突破教材，注重活动探索过程中的趣味性和创新性。因此，本节课的教学设计有以下三点特色。

（1）本节课精心选择了实验现象直观、对比鲜明、有震撼力，容易引发学生思考且收效良好的四个小实验，使学生产生学习科学的浓厚兴趣，启发学生"身边处处有科学"的思维，为教师进一步探索科学教育的学习内容提供途径和方法。

（2）本次实验的材料全部来源于生活，而且制作简单、生动有趣，适合当作家庭作业布置给学生，作为探究的延伸，学生绝对有兴趣进行探究。在培养学生的动手能力和实验操作能力的同时，又使学生对所学知识进行了巩固，将学生的兴趣培养和素养提升串成一个整体、一个过程，努力营造课堂教学与课外延伸的有机结合，一举多得。

（3）通过观察、实验、综合及运用，学生在掌握了科学概念及原理的同时，获得了对社会、自然的真切了解，增加了对科学学习的兴趣，积累了社会生活经验。由于本节课更注重学生的兴趣培养和探究能力培养，因此我选用了启发式综合教学法，通过设置教学情境，引导学生探究拱形建筑的特点，学生有了学习兴趣和学习方法，以后的学习就会起到事半功倍的效果。

十、【学生实验记录单】

学生实验记录单如表 1-4-2 所示。

表 1-4-2

	相同点	不同点		
		受力的方向	坚固的原因	应用举例
1 个半蛋壳				
1 个鸡蛋				

第二章　生命科学

案例 1：蚯蚓的选择

北京市西城区北京第二实验小学　刘妍

主题	蚯蚓的选择		
教材版本	教育科学出版社	年级	五年级上册
单元	第一单元　生物与环境	课时	第四课时

一、【课标内容】

12. 动植物之间、动植物与环境之间存在着相互依存的关系。

12.1　动物和植物都有基本生存需要，如空气和水；动物还需要食物，植物还需要光。栖息地能满足生物的基本需要。

五至六年级　举例说出常见的栖息地为生物提供光、空气、水、适宜的温度和食物等基本需要。

二、【教学目标】

（1）科学知识：了解动物会对它们需要的环境进行选择，不同的动物对环境有着自己特有的需要。

（2）科学探究：进行蚯蚓选择环境的实验，并收集相关的数据；通过阅读资料加强对生物与环境关系的理解。

（3）科学态度：培养关爱动物、保护环境的环保意识；体会自然事物是相互联系的。

（4）科学、技术、社会与环境：认识到人类、动植物、环境的相互影响和相互依存关系，了解地球上的资源是有限的，人类活动会对环境产生正面和负面的影响；能够自觉采取行动，保护环境。

三、【学情分析】

（一）年龄特点

五年级的学生对于身边的动物有一定的好奇心，对于科学实验充满兴趣，乐于探究。本节课拉近了孩子与蚯蚓的距离，毕竟有些孩子的心里是畏惧蚯蚓的。当然，更多的孩子喜爱"大自然的环保卫士"蚯蚓。我在教学准备中相应地调整了实验材料，有利于学生探究实验。

（二）知识水平

学生已经对生物的基本特征进行了观察、认识和研究。他们通过三年级动物单元的研究已经知道了土壤中有蚯蚓，且蚯蚓在土壤中发挥着重要作用，还知道了不同的地区生活着不同的动物，了解了一些动物适应环境的本领。本单元前三节课对种子发芽和绿豆芽生长的观察和研究，使学生认识到植物与非生物环境的关系，了解到植物的生存是需要一定的条件的，也为学生了解动物与环境的关系做好铺垫。

（三）能力水平

学生已经掌握了一定的学习过程与方法技能，如观察、记录、简单实验等。在四年级的前期研究中，学生已经经历了控制变量实验，能够初步设计简单的对比实验，知道实验中要注意控制变量，但实验设计还不够严谨科学。五年级是学生从中段进入高段的一个开始，因此教师应在已有知识的基础上对学生进行更深层次的培训，引导学生经历更为完整的探究过程，如强调实验前后的推测、解释要有充分的依据，使学生进一步掌握控制变量实验的操作技能并学习设计控制变量实验等。

在"蚯蚓的选择"一课中，学生将通过对比实验，了解蚯蚓生活需要的环境条件。在学生的探究过程中，教师应更多地关注学生的思维训练及探究方法的培养，让他们从对事物表面的兴趣发展为对科学探究持久的兴趣，从而体验到在探究中思考与发现的乐趣。

四、【教学重点与难点】

（1）教学重点：学生通过"蚯蚓的选择"实验活动，认识到动物会根据自身生存的需要对环境进行选择。

（2）教学难点：学生经历"问题—假设—验证—证实"的科学探究过程，掌握对比实验中严格控制变量的方法，并注意收集实验数据，养成用事实说话的习惯。

五、【设计理念】

（一）教学内容

1. 教科版整体组成角度分析

"蚯蚓的选择"是教科版五年级上册第一单元"生物与环境"的第四课。学生在三、四年级的科学学习活动中，已经对生物的基本特征进行了观察、认识和研究，掌握了观察、记录、简单实验的科学方法。本节课在此基础上带领学生进一步研究动物与环境的关系，初步建立对动物与环境关系的认识，运用箭头关系图式、思维导图的科学图示，为后续进一步研究生物之间的关系、环境与人的关系，探索微观世界打好基础。

2. 单元角度分析

"生物与环境"单元从内容上分为三个部分：第一部分通过种子发芽和绿豆芽生长、"蚯蚓的选择"研究动植物的生存和非生物环境的关系；第二部分引导学生观察和分析生物群落中生物之间的食物链和食物网，将动植物联系起来，认识生物之间互为生长环境，是相互依存、相互影响的；第三部分通过生态瓶的观察，探究生物群落中生物之间相互依存的关系，形成在一定区域内生活的生物需要一个和谐、平衡的环境的科学概念，并把以上认识拓展到自然界，通过典型事例的分析，认识到保护大自然、维护生态平衡的重要性。

对一个生物来说，周围的环境包括生物环境和非生物环境。生物环境有动物、植物、微生物等，非生物环境有阳光、温度、水、空气、土壤等。

3. "蚯蚓的选择"分析

针对"蚯蚓的选择"这节课，主要有两个环节，一是蚯蚓对环境的选择，二是其他动物对环境的选择，帮助学生形成"动物会对它们需要的环境进行选择，不同的动物对环境有着自己特有的需要"的科学概念。

教学设计的重点在第一个环节蚯蚓对环境的选择的对比实验中。首先让学生猜测蚯蚓喜欢生活在什么样的环境中，然后做实验，让学生经历"猜测—小组讨论—设计—完善—验证—得出结论"的过程，使他们真切地感受到科学探究的过程。在设计对比实验时要严格控制变量，使学生掌握在对比实验中严格控制变量的方法，如设计蚯蚓喜欢黑暗还是明亮的环境、蚯蚓喜欢潮湿还是干燥的环境等。在实际课堂中，会面对两个困难：一是两个实验，每个实验做三次，这在课堂上完成是不可能的；二是每个班的学生都存在畏惧环节动物蚯蚓的心理。针对课堂上时间不足的问题和学情，我适当地调整了教学计划，将实验重点放在实验的设计上，细节上精益求精，锻炼学生的创新性和批判性思维。首先，小组选择要研究的问题，观察5分钟，记录蚯蚓选择的过程和最终选择的位置，并注意观察实验中蚯蚓活动的全过程。之后，将各小组的数据作为重复实验的依据，对数据进行统计分析。在这个过程中进一步促使学生掌握学习过程与方法技能，更加有效地培养学生分析与综合、比较与分类的思维过程。

（二）教学方法

1. 说教法

教无定法，贵在得法，重在过程。这种方法根据科学学习要以探究为核心、科学课程应该具有开放性这一基本理念，针对"蚯蚓的选择"这节课，基于本节课的教学目标及小学生的学习特点，以探究为核心，通过对比实验，验证蚯蚓喜欢怎样的环境，以思维训练为主线，细节上精益求精，使对比实验更加严谨，同时通过视频资料帮助学生比较和分析，形成科学概念。

2. 说学法

一是以探究为核心，让学生亲身经历活动的全过程。探究既是科学学习的目标，又是科学学习的方式，教师为学生创设情境，创造科学探究的机会，让学生在观察、提问、猜想、设计、实验、表达、交流蚯蚓选择的探究活动中，体验科学探究的过程，使学生初步形成科学的世界观。二是发挥学生的主动性，让学生有选择地进行开放式学习。科学新课标把学生定位为科学学习的主体，也就是让学生在学习过程中充分体现主动性，发挥他们的能动作用。通过让学生自己猜测、验证，从而充分体验科学探究、科学发现的过程。三是注意合作交流，在科学探究的过程中，学生应该以小组为单位，加强与同组成员的交流，通过团结合作完成活动，从而培养其科学协作的精神。

六、【教学准备】

（1）教具：PPT。

（2）学具：装有湿土的托盘、装有一半干土一半湿土的托盘、1双小木筷、透明盖、布、9条蚯蚓。

七、【教学过程设计】

总体思路： 本单元带领学生进一步研究生物与环境（包括生物环境和非生物环境）之间的关系。通过之前对种子发芽和绿豆芽生长的观察和研究，学生认识到植物与非生物环境的关系，了解到植物的生存是需要一定的条件的。本节课的核心不在于让学生通过"蚯蚓的选择"实验了解到蚯蚓喜欢潮湿、黑暗的环境，这只是基础的知识水平，而是通过对蚯蚓与环境的研究，引导学生经历"问题—假设—验证—证实"的科学探究过程，认识到蚯蚓对环境的选择，进而通过观看视频，认识到动物会根据自身生存的需要对环境进行选择。通过本节课的学习，学生可在活动中进一步掌握对比实验的设计方法。

（一）温故知新，激趣导入

（1）回忆旧知：在前两节课上，同学们通过实验观察发现绿豆种子发芽需要什么样的条件？谁来说一说？

（2）转折：我们都知道植物对环境有选择，那么动物对环境有选择吗？

板书：选择。

（3）导入：课前，老师请来了一位老朋友，请同学们猜一猜，"短短一段绳，泥中能穿行。松土又施肥，农民好帮手。"（学生：蚯蚓）你们还记得它是什么形状的吗？它又是如何运动的呢？

设计意图： 三年级时学生就认识了这位老朋友——蚯蚓，这个问题的设计其实就是温故知新。由植物对环境的选择过渡到动物对环境的选择，为学生在新课"蚯蚓的选择"的学习进行思维相似性的准备。

（二）探究实验，对比观察

1. 质疑猜测，引出前概念

（1）引导：生活中，大家常常在哪里见到这位朋友呢？

（2）引发思考：谁能猜想一下蚯蚓喜欢什么环境？你们最想用哪些词语表达？

设计意图： 发现源于生活，这个环节使学生在原有认知和前概念的基础上进一步了解蚯蚓的生活环境，从而轻松地进入学习状态，为下面的大胆猜测埋下伏笔。

2. 集思广益，确定实验设计

（1）主题：蚯蚓到底会选择哪种环境？

（2）提问：在课堂上怎么证明呢？你们打算怎么做？

设计意图： 科学需要严谨，经验需要验证，而实验是最好的验证手段。本环节将继续引领学生经历"问题—假设—验证—证实"的科学探究过程。

（3）小组交流。

实验一：研究蚯蚓喜欢黑暗还是明亮的环境。

层次一：学生对对比实验的认知较清晰，但过程设计模糊。

教师：怎么判断蚯蚓喜欢哪个环境？蚯蚓如何选择呢？

层次二：学生对对比实验的认知较清晰，过程设计基本可行。

教师：蚯蚓如何选择呢？

层次三：学生对对比实验的认知清晰，过程设计基本可行。

实验二：研究蚯蚓喜欢潮湿还是干燥的环境。

层次一：学生对对比实验的认知较清晰，但过程设计模糊。

教师：怎么判断蚯蚓喜欢哪个环境？蚯蚓如何选择呢？

层次二：学生对对比实验的认知较清晰，过程设计基本可行。

教师：蚯蚓如何选择呢？

层次三：学生对对比实验的认知清晰，过程设计基本可行。

设计意图：在科学课的教学中，坚持循序渐进地引导学生思考问题，有利于学生思维的全面性、深度性的发展。在这个环节，要给予学生充分的时间去思考、去联想、去构建、去交流，学生会设计出多种方法，教师不多加点评，让全班学生交流讨论、补充或质疑。思维的火花是在交流中碰撞出来的，学生可在这个过程中对自己的实验方案进行修正或完善，同时促进其创新性和批判性思维的发展。

3. 关注细节，力求精雕细刻

（1）出示实验器材，讨论实验步骤，如图 2-1-1 所示。

图 2-1-1

①把托盘的一半遮光，另一半保持光亮（或托盘的一半用湿土，另一半用干土）。

②把 9 条蚯蚓放到托盘的中间。

③5 分钟以后统计蚯蚓数，做好记录。

（2）提问：在实验中大家应注意些什么呢?

层次一：实验设计细节不严谨。

层次二：实验设计细节较严谨。

设计意图：这个环节的设计是对上个环节的细化过程。因为通过群策群力的讨论，实验步骤的轮廓大致形成，眼前是"细节决定成败"的关键。实验过程中允许其他组的成员有序、有礼貌地提问或更正，有利于培养学生倾听、提问的习惯，更有利于培养学生的灵活性和敏感性思维。

（3）分发相关实验材料，教师巡回指导。

（4）收回材料，组织交流。

（5）引导学生总结：通过两个实验，你们能说说蚯蚓喜欢怎样的环境吗？

（6）概括：蚯蚓喜欢黑暗和潮湿的环境。

设计意图： 第斯多惠认为，一个好教师则教人发现真理。把课堂还给学生，真正体现学生的自主探究，使学生感悟科学探究的过程和方法，培养其科学探究的能力。

（三）综合分析，形成科学概念

（1）联系生活：请举例说说身边的动物喜欢生活在怎样的环境中；当所处环境不适合动物生存时，它们会怎样？你们能说说相关的例子吗？

（2）播放视频：通过观看视频，你们有什么新的感悟吗？大家能做些什么呢？

视频：雷鸟、竹节虫和螳螂的变化。雷鸟在不同的季节，其羽毛的颜色会发生相应的变化：夏天为棕褐色，冬天为纯白色。因此，它主要通过调节保护色适应环境。竹节虫和螳螂等通过同生活环境中的植物形态保持相似（拟态）的本领更好地适应环境。

（3）总结：不同的动物生活在不同的环境中，动物和环境是相互依存的，动物通过自己特有的本领或身体结构对环境进行适应。所以，我们要保护和创造动物生存的环境，也就是保护小动物，爱护大自然。

设计意图： 联系生活，深化运用，用这些知识的补充加深学生对"生物对环境适应"知识的理解和掌握。

（四）创新思维，拓展学习设计

总结：同学们对蚯蚓的生活环境和习性还有其他想要研究的问题吗？有兴趣的同学可以找老师领取小蚯蚓，课后继续开展研究，实验研究完成后，别忘记将蚯蚓放回大自然中。

设计意图： 科学探究不仅在课堂中，更在日常生活中。学习知识的目的是让学生在掌握知识后将其转化为技能，学以致用，运用所学知识解决新的问题，并潜移默化地养成保护动物及动物的生存环境的意识。

八、【评价设计】

科学新课标中明确指出,评价既对教学的效果进行监督,也与教学过程相互交融,从而促进和保证学生的发展。单元学习评价的主要目的是了解学生实际的学习和发展状况,以便改进教学,最终实现课程宗旨,即提高每个学生的科学素养。采取每节课的课堂和单元后测的方式对学生的学习状况进行检测,则应该体现在学生接受科学教育的全过程中。

学生课堂评价表如表 2-1-1 所示。

表 2-1-1

评价阶段	评价内容	评价指标				自评	互评
		优秀	良好	合格	不合格		
课前准备	记录本	有准备,摆放整齐	有准备,摆放较整齐	有准备,桌面杂乱	未准备		
	精彩两分钟	主题明确,介绍思路清晰	主题明确,介绍思路较清晰	主题较明确,介绍思路不太清晰	未准备		
课中学习	小组讨论	积极参与全班讨论,有科学的表达和观察能力	能参与讨论,缺乏科学的表达	能被动地参与小组和全班讨论	不参与讨论,出现违反纪律的现象		
	实验操作	操作时注重团队合作,操作规范,善于整理	操作时能配合团队,操作较规范,按时记录	被动参与小组操作,不够积极,记录随意	不参与小组操作		
	汇报交流	积极展示小组成果,表述清晰	能总结成果并展示,表述不太清晰	能总结成果并展示,缺乏逻辑性	被动参与小组汇报交流		
课后拓展	拓展学习	积极参与拓展学习,作为"精彩两分钟"的展示	较积极参与拓展学习,查询资料,小组交流	偶尔参与	从不参与		

开展单元学习需要教师设计相应的评价内容及工具,用评价内容及工具指导学生的单元学习,根据评价反馈促进学生学习科学知识,反思其教学设计和教学过程。在前三节课种子发芽和绿豆芽生长的实验中,更多的是学生小组分工后在课后进行观察和记录,然后针对观察的现象进行讨论,再进行全班的汇报交流,呈现形式有记录本、小报、PPT、视频等,通过交流反馈找到值得学习的地方。学生在交流中

巩固了控制变量的方法，总结出科学概念。后面几节课的内容基本在课中开展，其他的拓展和研究可以在课后进行，作为"精彩两分钟"进行交流学习。

九、【案例评析】

基于本单元的教学目标及五年级学生的学习特点，我注重学生创新性和批判性思维的培养，以思维训练为主线安排本单元的教学。

（一）以思维训练为主线，使学生经历科学探究的全过程

本节课为学生创设情境，创造科学探究的机会，让学生参与观察、提问、猜想、设计、实验、表达、交流的探究活动。通过交流互动的方式，使学生表达自己的想法，培养学生的交流与合作精神；运用观察法、比较法、发现法、实验法进行探究活动，使学生形成注重事实、敢于提出问题的严谨科学的态度。学生在本单元"种子发芽实验""观察绿豆芽的生长""蚯蚓的选择""改变生态瓶"的学习中，掌握对比实验中严格控制变量的方法，并注意收集实验数据，养成用事实说话的习惯。

（二）培养创新性和批判性思维，促进学生思维进阶

在"蚯蚓的选择"对比实验中，学生尝试用多种方法设计实验，严格控制变量，小组相互补充，通过充分的交流，促进其创新性思维的培养；而教师出示具体的实验材料和实验操作的细节，让实验精益求精，促进学生批判性思维的培养。

（三）关注学生需求，改变教学环节和材料，构建高效课堂

在观察蚯蚓选择的过程时，蓝色塑料托盘虽然给蚯蚓更多的活动空间，但是没有与之匹配的盖子，存在蚯蚓爬出来的可能。与之对应的选择 10～12cm 的黑蚯蚓，学生的畏惧和好奇心参半。我及时关注学生的需求，将材料进行了调整，选择 5～7cm 的红蚯蚓，从外观上学生更容易接受，又将蓝色塑料托盘换成了透明塑料盒，当蚯蚓沿盒边钻进土壤里时，学生可以真实地观察到这一过程。然而，事实并非预想的那样，蚯蚓直接钻进了土壤里，过程反而不清楚，之后我又将透明塑料盒换成浅的托盘，实验效果更清晰，有利于学生综合分析。通过教学环节和材料的调整，我在课堂教学有限的时间里达到了预期的教学效果。

十、【板书设计】

板书设计如图 2-1-2 所示。

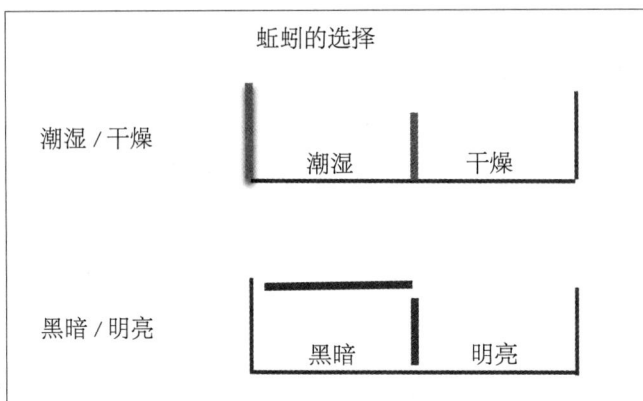

图 2-1-2

十一、【学生实验记录单】

学生实验记录单如表 2-1-2 和表 2-1-3 所示。

表 2-1-2

实验组别	蚯蚓数			我们的解释
	潮湿	盒子中间	干燥	

表 2-1-3

实验组别	蚯蚓数			我们的解释
	黑暗	盒子中间	明亮	

注：各小组根据提出的研究问题选择其一，并将其他小组同一研究问题的数据记录在记录单中。

案例 2：大脑

厦门外国语学校附属小学　刘阳丹

主题	大脑		
教材版本	江苏凤凰教育出版社	年级	五年级下册
单元	第五单元　人体的"司令部"	课时	第一课时

一、【课标内容】

10.2　人体具有进行各种生命活动所需的器官。

10.3　人脑具有高级功能，能够指挥人的行动，产生思想和情感，进行认知和决策。

10.4　脑需要被保护。

二、【教学目标】

（1）科学知识：了解大脑的形态和结构特征；知道大脑是人体的最高指挥中心；知道保护大脑的方法。

（2）科学探究：能够通过深入的思维活动，认识大脑的结构；能够在体验式的探究活动中，了解大脑的功能。

（3）科学态度：感受到大脑的复杂和神奇，产生进一步探究的欲望；对科学家探究大脑的工作产生兴趣。

（4）科学、技术、社会与环境：意识到人类对自身大脑的认识是随着科技的进步逐渐加深的；利用身边的材料建构模型，加深对大脑结构和功能的理解。

三、【学情分析】

人体进行的各种生命活动与大脑息息相关，大脑是人体的"司令部"，是协调人体生命活动的指挥中心。脑科学是当下科学研究的前沿方向，学生对大脑充满了好奇和研究兴趣。一方面，学生对大脑已经有一些模糊的了解，但这些认识更多来自科普节目、课外阅读等，缺乏科学性、系统性；另一方面，由于大脑结构和功能的抽象性，学生感知和了解大脑有一定的难度。因此，我在设计本节课时，充分发掘了学生对大脑的前概念，设计了有逻辑的、递进的思维活动，在学生的自主辨析中建构对大脑的科学认识；结合思维可视化的特点，引导学生通过思维导图对学习素材进行分析和整理，加深学生对大脑结构和功能的认识和理解；综合运用多种材料，为学生创设对大脑结构的直观感知；采用有趣的动脑环节，让学生提炼大脑的功能，并意识到保护大脑的重要性；采用探究教学法引导学生想学、乐学。

四、【教学重点与难点】

（1）教学重点：系统地认识大脑的结构。

（2）教学难点：科学地认识大脑的功能。

五、【设计理念】

（一）教学内容

本节课是江苏凤凰教育出版社（以下简称"苏教版"）五年级下册第五单元"人体的'司令部'"的第一课，主要内容是让学生认识大脑的结构和功能，从而体会大脑是人体的最高指挥中心。本节课基于建构主义教学理论，创设良好的教学情境和引发学生认知冲突的问题情境，促进学生积极、主动地思考。为此，我采用了探究教学法对本节课的内容进行了教学设计，其中有两个方面需要重点关注。第一，大脑的结构方面，涉及的是关于大脑的质量、体积、硬度、颜色、表面等方面的知识，这些都是科学家得出的研究定论，属于描述性知识。但是，仅仅是这些形容词式的描述，并不能让学生对从没见过的"大脑"进行直观的构建，从而将对于大脑结构的认识从人体生命活动的整体性角度进行分析。第二，大脑的功能方面，不能仅满足于让学生知道大脑功能的强大，也应该从科学发展的角度引导学生认识到科学家对脑科学的研究是不断深入的，并能大胆质疑关于大脑功能的一些不科学的观点。

（二）教学方法

对于大脑结构的认识，我提供了能够体现大脑某一方面特征的结构性材料，让学生借助观察、类比、综合等思维方法，从模型的角度认识大脑的结构特点；对于大脑功能的认识，我设计了需要大脑不同功能参与的趣味动脑活动，让学生"用脑"进行体验。教学侧重趣味性、探究性，面向全体学生，关注学生的核心素养；采用探究教学法、小组合作法、模拟实验法、作品制作法、角色扮演法等教学方法，力求通过"活动—交流—活动—归纳"的科学探究过程唤起学生强烈的探究欲望。

六、【教学准备】

（1）教具：PPT。

（2）学具：①分组操作材料，如两瓶550ml矿泉水（1100g）、塑料袋、豆腐；②个人操作材料，如报纸（约2200cm^2）、核桃仁、思维导图记录单。

七、【教学过程设计】

（一）谜语导入

（1）引入：同学们，请你们来猜一猜，谜底是什么？

"司令部里住首长，电话线路通四方。命令一下就执行，发现问题想办法。"

（2）讨论：有人说是脑、大脑、脑子，还有其他想法吗？谜底用哪个词描述最科学？大脑和脑是什么关系？

设计意图：谜语很简单，但是根据学生的回答不同可以暴露学生对"司令部"概念的理解是否准确。

（3）提问：脑由哪几部分构成？

（4）教师总结：脑由大脑、小脑、脑干组成。其中，大脑是脑主要的部分。

设计意图：学生对大脑、脑的前概念是模糊的，生活中经常认为"脑"就是大脑。通过辨析，学生明确了大脑是脑中的主要结构，掌握了清晰、准确的科学概念。

（二）认识大脑的结构

（1）导语：今天，我们的研究对象就是"大脑"，它在哪呢？同学们知道大脑的具体位置吗？

①讨论：我们摸到的坚硬的部分其实是人的颅骨，大脑就藏在颅骨包裹的颅腔内，谁来说说这样的结构有什么好处？

设计意图：讨论颅骨对于大脑的保护作用，同时启发学生关注大脑在结构上的一些物理特点。

②提问：我们没办法看到里面的大脑，有人能向同学们介绍一下大脑是什么样的吗？

设计意图：学生或多或少地了解大脑结构的某些特点，但是对于它的描述往往是零散的、缺乏准确性的。例如，学生说"大脑像核桃"，教师可以追问"大脑的哪个方面像核桃？是大小还是表面"，通过询问一方面引导学生对事实性知识进行抽象和概括，另一方面引导学生从多方面进行描述。

③谈话：我想大家都没看过大脑，老师也没见过，你们是从哪儿知道的？是的，我们可以根据科学家提供的一些资料系统地了解一下。请同学们阅读教材第52~53页的资料，用笔标记出关键词，并将信息整理到思维导图记录单中。

④教师组织学生交流：学生交流思维导图记录单，教师引导学生从关键信息的简洁度、图文结合的清晰度等方面进行评价。

设计意图：关于大脑结构的事实性知识学生了解不全面，需要对教材资料进行自主阅读、学习，对信息进行整理、分类、表达，这是学生养成科学观念的有效方法。

（2）导语：同学们从科学家提供的资料中获得了不少信息，我们一起来看看，会不会有更多的发现。

①质量。

A. 讨论：大脑的质量是1400g吗？请再仔细阅读资料，你们看懂了吗？会计算吗？

设计意图：学生在整理信息时，稍不注意就会直接认为大脑的质量是 1400g。而仔细阅读资料并分析的学生才能计算出大脑的质量为 1400×80%=1120g。这个细节反映出学生在学习科学资料时要细心，也要关注跨学科应用能力，如语文阅读素养和数学素养等。

B. 谈话：1120g，想感受一下这个质量吗？一瓶矿泉水的质量大概是 550g，大脑的质量近似于两瓶矿泉水的质量。老师给每个小组准备了两瓶矿泉水，装在一个塑料袋里，请每个小组轮流感受一下大脑的质量。

C. 互动：同学们对大脑的质量还有什么疑问吗？对了，这个数据是成人大脑的平均质量，刚出生的婴儿大脑的质量约 310g，到 7 岁时，大脑的质量可达 1000g。

设计意图：对于大脑的结构是无法进行实物研究的，但是可以通过一些精心准备的资料，让学生对大脑的结构产生直观的认识。资料给出的大脑质量数据其实是一个统计意义的信息，1120g 是成年人大脑的平均质量，而人的大脑结构从婴儿时期开始是不断变化的。通过感受矿泉水的质量，引导学生对数据进行质疑，学会用辩证的科学思维关注数据的科学性。

②体积。

讨论：大脑有多大呢？对了，是双拳的大小。老师作为成年人，我的大脑不仅质量比你大，体积也比你大。请同学们伸出双手，将双手紧握并拢，观察双拳的大小，同时想象一下大脑在颅骨里的样子。其实，大脑在结构上除了体积大小和双拳类似，还有什么特点和双拳类似呢？就像我们的左右拳头一样，大脑也分为左右两半球。

设计意图：让学生紧握双手，观察双拳的大小，想象大脑在颅骨里的样子，并将左右拳头与大脑的左右两半球进行联想，通过类比，加深对大脑体积的认识。

③硬度。

A. 讨论：我们说大脑像豆腐一样软，请同学们拿出抽屉里的豆腐观察一下，有什么发现？

B. 谈话：大脑像豆腐一样软，是因为它们的什么含量比较高？这反映了大脑的什么特点？

设计意图： 通过将豆腐和大脑的硬度进行类比，让学生用手摸一摸豆腐，加强他们对大脑"软"的感知。通过观察豆腐，学生很容易发现，水分多也是大脑的结构特点。

④颜色。

A．讨论：人脑中的主要成分是血液，所以大脑的颜色是淡粉色的。同学们有看过猪脑的吗？请举一下手。仔细观察猪脑的图片，可以看到猪脑的表面分布着很多血管。之前同学们学习过血液循环，血液能给大脑提供什么？对了，是氧气和养料。你们能猜测一下，大脑的耗氧量是全身的几分之一呢？

B．谈话：大脑的耗氧量是全身的四分之一。如果大脑的供氧完全中断，则会造成不可逆转的损伤。如果人们长期处于缺氧环境，头部的反应是特别明显的，会感觉到头晕、头痛、耳鸣、眼花等。所以，什么样的学习环境才能让大脑更高效地运转呢？

设计意图： 仅仅是图片、模拟实物还不足以让学生构建对大脑结构的真实认知。类比拳头、豆腐、猪脑等常见物体，并适时补充大脑的耗氧量的知识，可以使学生构建立体的、接近真实的大脑结构。四年级时学习过血液循环的知识，在此处与大脑的保护相结合，学生认识到要为保护大脑提供良好的空气环境。

⑤表面。

A．讨论：大脑的表面是什么样的呢？对了，像核桃。请同学们观察一下，核桃的表面有什么特点呢？大脑表面称为大脑皮层，它凹凸不平，凹下去的叫"沟"，凸起来的叫"回"。大脑的沟和回有什么作用呢？

B．谈话：从资料可知，沟、回可以增加大脑皮层的表面积。那么，这些沟、回能增加多少表面积呢？老师也不知道，于是我去网上查询，发现了这么一段话。

"如果将沟、回全部展开，面积可达 $2200cm^2$，大小正好相当于一张报纸。"

可是我发现市场上有不同规格的报纸，请同学们判断是哪种报纸。

设计意图： 五年级的学生有一定的信息素养，他们能查询到相关知识。但是，"大小正好相当于一张报纸"却并不是准确的描述。教师需要用数学的方法来测量、计算，通过设疑、求证，引导学生对收集到的信息进行分析，培养学生求真的科学态度。

C．思考：老师给每个同学都准备了一张报纸，你们能把这张 $2200cm^2$ 的报纸变成一个和大脑体积相当的模型吗？

在这个过程中，教师应引导学生交流大脑报纸模型，进行组内评价。部分学生进行全班展示，师生对展示作品进行评价。

D. 认识：请同学们对比大脑报纸模型和铺开的报纸，对大脑的沟、回有什么认识？

设计意图：资料是学生获得科学知识的重要途径，但具备良好的科学素养的学生应该能对资料提供的信息进行思考、质疑，在求证的过程中进行多学科知识的综合运用。制作大脑报纸模型，让学生进行对比观察，直观地感受到大脑的沟、回大大地增加了大脑皮层的表面积，为日后学习大脑皮层的功能做好铺垫。

E. 提问：结合大脑的结构特点，怎样制作一个更科学的大脑模型呢？

设计意图：在课堂上，学生根据大脑的体积、表面沟回特点制作大脑模型。模型构建是科学思维的体现，结合 STEM（科学、技术、工程、数学）领域的迭代思想，引导学生在课外借助身边的材料，动手制作更接近大脑结构特点的科学模型。

⑥小结。

谈话：我们从多种渠道获得科学资料并进行分析，也找到很多身边的物体来感受大脑的一些结构特点，想必大家对大脑结构的认识更丰富了，请在刚才完成的思维导图记录单中进行修改或补充。

设计意图：思维导图记录单和大脑的神经元结构类似，在小学阶段并不涉及该知识。但是在本节课，学生以思维导图的记录方式将所学的知识不断进行补充，不但将思维外显化，而且对于思维导图和大脑之间的关联留下了深刻的印象。

（三）了解大脑的功能

（1）感知大脑是人体的最高指挥中心。

①导语：同学们，你们谁的大脑是"最强大脑"呢？老师给大家设置了三个闯关游戏，一起来比拼一下。

②互动游戏闯关。

第一关"火眼金睛"：出示第一行，马上消失，再出示第二行，你们能说说哪个板块发生了变化吗？

第二关"看图说话"：看图编故事，如图 2-2-1 所示。

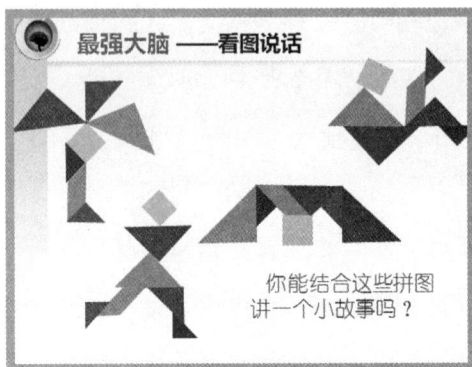

图 2-2-1

第三关"奇思妙想"：思考七巧板还可以用来做什么，如图 2-2-2 所示。

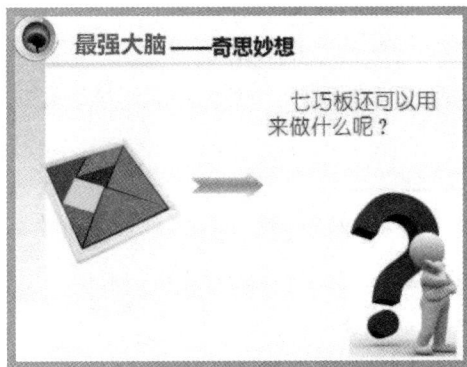

图 2-2-2

③讨论：在"最强大脑"游戏中，运用了大脑的哪些功能？请在刚才完成的思维导图记录单中对大脑的功能进行完善，如图 2-2-3 所示。

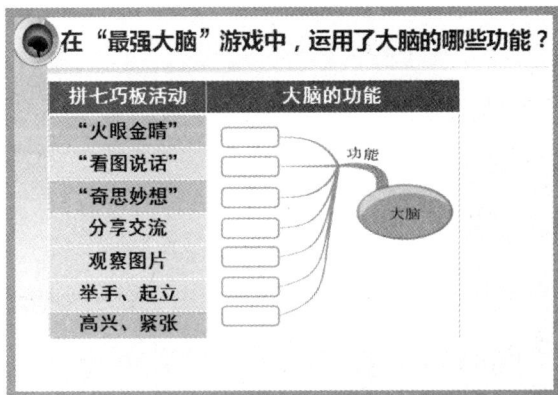

图 2-2-3

④教师总结：看来所有的思维活动、动作、学习等都离不开大脑，大脑是人体的最高指挥中心，也被称为人体的"司令部"。

设计意图：巧妙地利用七巧板开发出三个闯关游戏，游戏难度不断升级，学生参与游戏的兴奋度也不断提高。答题闯关的同时，也是学生的大脑发挥相应功能的时候。学生在活动体验和互相观察中，能概括出如观察、说话、创造力、倾听、情绪等诸多大脑的功能。通过有趣的大脑实践活动，感知大脑是人体的最高指挥中心。

（2）初步认识左右脑的协调分工。

①讨论：老师听说"左脑负责思维，右脑负责艺术"，所以要想学好艺术，就要开发右脑，你们同意吗？你们能发表一下自己的看法吗？支持方和反对方要尽量说服对方。

②谈话：这句话是怎么来的呢？老师去网上收集了一些资料，我们来了解一下。（阅读PPT，如图2-2-4所示。）

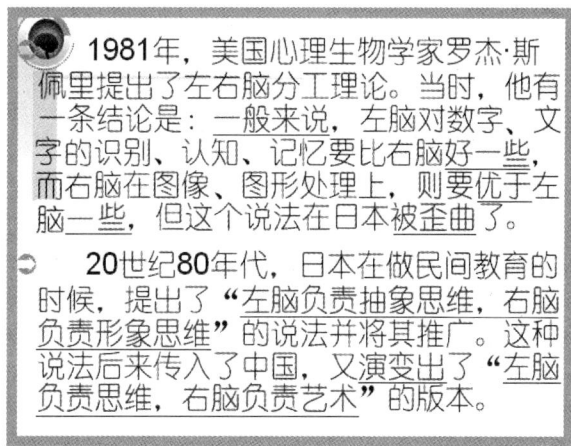

1981年，美国心理生物学家罗杰·斯佩里提出了左右脑分工理论。当时，他有一条结论是：一般来说，左脑对数字、文字的识别、认知、记忆要比右脑好一些，而右脑在图像、图形处理上，则要优于左脑一些，但这个说法在日本被歪曲了。

20世纪80年代，日本在做民间教育的时候，提出了"左脑负责抽象思维，右脑负责形象思维"的说法并将其推广。这种说法后来传入了中国，又演变出了"左脑负责思维，右脑负责艺术"的版本。

图2-2-4

③教师组织学生交流：对正常人来说，大脑左右两半球的功能是一个统一的控制系统，开发大脑的最终目的是促进左右脑的均衡和协调发展（见图2-2-5）。这个谣言的出现，从一定程度上说明了大脑的复杂和神奇。关于大脑功能的研究，已经成为现代科学最深奥的课题。为了探索大脑的奥秘，欧美等国家纷纷制订了脑科学研究的长远计划，并宣布21世纪是"脑科学时代"。

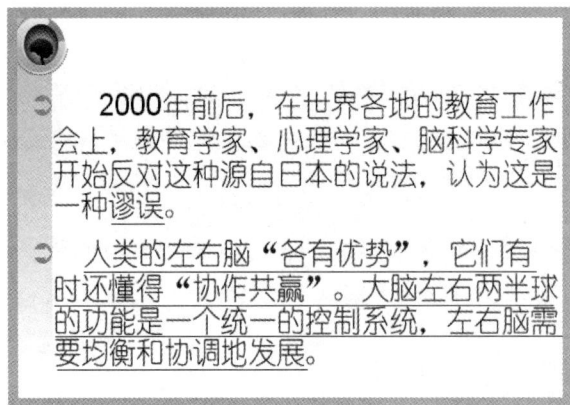

2000年前后，在世界各地的教育工作会上，教育学家、心理学家、脑科学专家开始反对这种源自日本的说法，认为这是一种谬误。

人类的左右脑"各有优势"，它们有时还懂得"协作共赢"。大脑左右两半球的功能是一个统一的控制系统，左右脑需要均衡和协调地发展。

图 2-2-5

设计意图：学生能基于生活经验、动脑实践体验等对"科学观点"进行大胆质疑，持正反两种观点的学生分别以科学家的身份进行了激烈的碰撞。对于该观点的讨论，教师要对学生言之有理的推测进行鼓励，但并不给出定论，激发学生大胆质疑、谨慎求证的科学精神。

④思考：这是一张利用软件虚拟技术得到的大脑皮层 3D 俯视图（略），你们知道这张图想表现的是大脑的什么特点吗？

⑤畅想未来：你想成为一位研究大脑的科学家吗？你打算研究什么？

设计意图：脑科学研究是前沿科学，是当下正在蓬勃发展的科学。教师补充最新的脑科学研究动态，学生大胆猜测科学家的研究成果，感受科学家对大脑的研究工作是不断进步的，这有利于激发学生日后持久探索脑科学的兴趣。

（四）学会适度用脑、科学用脑

（1）讨论：今天同学们踊跃地参与课堂，看来大家都有一个发达的大脑。大脑是人体的"司令部"，一定要好好保护它。你们有什么好方法呢？请在小组内进行讨论、交流。

（2）教师组织学生交流：小组分享、汇报。

（3）谈话：大家不仅从大脑的结构等物理特点提出要对头部进行保护，防止大脑受到硬物伤害，还从大脑的功能等生理特点提出很多很好的建议。例如，保护大脑要做到经常让大脑做运动，勤思考；要有充足的睡眠，按时休息；要注意合理饮食；要保持乐观、豁达、积极的心态；要参加适量的运动等。

设计意图：采用小组合作学习的方法，学生基于所学，基于所知，各抒己见。在学生分享交流的过程中，教师侧重引导学生从大脑的物理特点和生理特点等方面采取保护大脑的措施，体现科学的逻辑性。

（五）总结

谈话：关于大脑的结构和功能，我们只是了解了其中的一小部分，还有更多的知识等着我们日后去了解。也许，你们中就有人会成为研究大脑的科学家呢！

八、【评价设计】

从评价主体而言，本节课的评价主体包括学生、同伴和教师。教师对学生的科学思维能力、跨学科应用能力等进行表现性评价，对学生的大脑报纸模型、思维导图记录单等进行展示性评价。评价贯穿于教学活动始终，采用的评价类型有形成性评价和总结性评价。教师采用课堂观察、作品展示、交流表达、组内互评等方式进行形成性评价，对教学活动全过程进行调控、反馈；记录单评价可作为总结性评价，由教师对学生的思维导图记录单进行评价，这项工作在课后进行。

评价设计如表 2-2-1 所示。

表 2-2-1

评价方式	评价内容	评价类型
课堂观察	观察学生学习的参与度、思维度	形成性评价
作品展示	评价学生的大脑报纸模型，了解学生对知识的应用能力、对作品的整体表达能力	形成性评价
交流表达	观察学生的科学思维能力，评价学生的交流表达能力，关注学生的思考过程	形成性评价
组内互评	互评、自评在小组合作学习中的表现	形成性评价
记录单评价	评价学生的思维导图记录单，了解学生建构知识的过程，了解学生对知识的掌握情况	总结性评价

九、【案例评析】

构建高效课堂需要面向全体学生，而教学的核心是思维，学习的关键是思考。本节课的教学设计体现在以下两个方面。

（一）培养学生的核心素养

1. 侧重学生思维的培养

虽然学生没办法直接研究大脑，但通过运用类比、分析、联想等思维方法，学生可对大脑的结构和功能进行科学推理，不断加深对大脑的认识。在本节课中，多次引入模型建构思维、信息素养思维、质疑求证思维等科学思维，教师教学的核心不停留于学生知识的获得，而是学生思维的应用，关注学生的思考过程。

2. 重视学生科学观的养成

脑科学研究已有相当的进展，但是未知的仍比已知的要多得多。教师应从科学发展的角度，引导学生辩证地看待已有的科学观点，引入最新的脑科学研究动态，激发学生的创新思维，重视学生科学观的养成。学生对于"大脑"一课的学习，正是对"科学是不断发展的"这一科学观的实践体验。

3. 关注学生跨学科应用能力的培养

资料的获得、分析和整理，是学生信息素养的体现。数学计算思维、STEM 模型制作思维和迭代思维等跨学科应用能力，都在本节课的教学活动中有相应的体现。

（二）面向全体学生

1. 教学活动具有探究性，提高学生的参与度

教师基于学生思维的发展，创设切合教学情境的问题，设计一系列参与性强的探究活动。例如，让学生通过触摸自己的颅骨、握紧双手、制作大脑报纸模型、挑战"最强大脑"等实践活动，感受大脑的特征。每个学生都能在教学活动中进行相应的参与体验和思维活动，学生课堂参与度高。

2. 教学组织方式多样，激发学生的学习度

学生独立完成思维导图记录单，小组合作进行体验、讨论等学习活动，全班进行交流分享。在这个过程中，个体、小组、班级，多种教学组织方式，不仅落实到个体，还能激发学生合作学习的动力，学生学习积极性高。

3. 教学工具具象化，深化学生的思维度

"大脑"是一个抽象且不可实际观测的研究对象，因此在教学工具方面，教师

需要下功夫进行开发。本节课充分利用矿泉水瓶感受大脑的质量、紧握双手感受大脑的体积、触摸豆腐感受大脑的硬度、观察猪脑感受大脑的颜色、观察核桃和报纸感受大脑的表面等，并结合思维导图，最大化地将教学工具具象化。

十、【板书设计】

板书设计如图 2-2-6 所示。

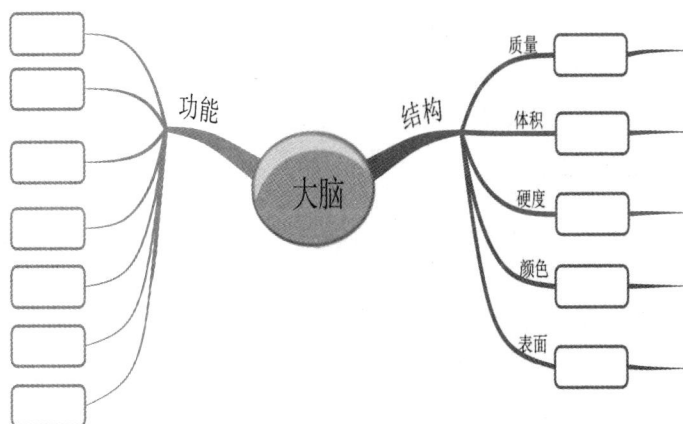

图 2-2-6

教师借助打印的彩色图片、文字等适时设计板书。

设计意图：思维导图记录单是学生梳理文本资料，修订、补充科学概念的载体。而教师以思维导图的形式进行板书设计，提前打印好可以体现大脑结构特点的彩色图片、文字，在课堂教学的过程中，以简洁的文字、贴图进行板书，引导学生使用思维导图记录单进行学习，从而对大脑的知识网络留下深刻的印象。

案例 3：相貌各异的我们

浙江省温州市龙湾海滨一小　李若思

主题	相貌各异的我们		
教材版本	教育科学出版社	年级	六年级上册
单元	第四单元　生物的多样性	课时	第五课时

一、【课标内容】

7.2　地球上存在不同的动物，不同的动物具有许多不同的特征，同一种动物也存在个体差异。

10.5　生活习惯和生存环境会对人体产生一定的影响。

11.3　生物体的后代与亲代非常相似，但也有一些细微的不同。

二、【教学目标】

（1）科学知识：通过相貌性状编码的游戏体验，学习利用相貌性状编码进行性状的辨析，知道人的相貌有着不同的性状特征，这些特征的不同组合造就了各异的相貌。

（2）科学探究：小组合作完成"宝贝回家"的挑战，学习查阅资料并尝试从中提取有价值的信息进行分析和推理，知道人的相貌各异和遗传、变异、环境等因素有关。

（3）科学态度：通过小组、班级的交流，能大胆质疑，能从不同视角开展探究，在尊重证据的前提下，坚持正确的观点。

（4）科学、技术、社会与环境：在观看了《最强大脑》——人脸识别的几个情境视频后，了解人工智能的发展和应用影响着人类生活和社会发展。

三、【学情分析】

　　六年级的学生掌握了不少科学知识和科学探究的方法，但是他们对学习没有激情，因为他们对学习的目的没有深刻了解，同样对自己的学习成绩缺乏成就感。"我们为什么要研究人的相貌？""我们知道了人的相貌各异是因为组合不同，可是这与我们又有什么关系？""进行2的几次方运算就能得到一个很可怕的数字，这些我们在奥数课上早就学过了！"在对学生的调查中，学生除了对自己的发际原来是"V"发尖、自己的舌头原来可以内卷有一点兴趣，对其他活动一致认为无聊，缺乏深入思考与学习的动力。即便在平时阅读时，大部分人都知道自己的相貌和父母的基因（遗传）有关，但在今天的课上，他们甚至连这样的主动关联都不愿意思考，这也不难理解为什么几乎没有学生会把人的相貌和环境相联系。而"相貌""相貌特征""性状""性状组合"这样一些陌生、易混淆的词汇更影响学生的学习。

四、【教学重点与难点】

　　（1）教学重点：知道人的相貌各异和遗传、变异、环境等因素有关。

　　（2）教学难点：学习查阅资料并尝试从中提取有价值的信息进行分析和推理。

五、【设计理念】

　　美国教育家罗伯特针对科学学习提出"在科学学习中，学生对关联的自主识别将产生理解（真正影响行为与观念的程度）"。如果关联的内容是其他概念，那么学生学习的内容会上升到对大概念乃至核心概念的理解，学生的观念将被改变；如果关联的内容是运用，那么能运用与探究相关的方法发展学生的思维，学生的实践行为将发生理性的改变。针对这一理念，可以为教材中的一些课程找到更明确的改进与设计方向，而"相貌各异的我们"就是其中的一课。

六、【教学准备】

　　（1）教具：PPT。

　　（2）学具：①为每组准备"宝贝回家"任务单、3份资料、记号笔；②为每个学生准备"我的相貌性状分析表"。

七、【教学过程设计】

总体思路： 在概念板块上，我对本节课的教学内容进行了调整，在原基础活动后增加了文献查阅，将人的相貌和环境建立了关联；在探究方法上，我用相貌性状编码游戏，将性状描述与分类学建立了关联。为了让学生将探究的方法与真实的情境相联系，让学生保持浓厚的学习兴趣和强烈的探索欲望，我设计了借助性状寻找走失儿童的情境。将《最强大脑》这一节目作为情境导入，以游戏和挑战的形式开展活动，以任务驱动探究，学生能够主动地思考、探究，更好地厘清思路，建构相关的概念。

（一）情境导入——相貌性状

（1）导入。

PPT 出示情境：电视节目《最强大脑》——人脸识别。

观看短视频（挑战情境：由嘉宾从 20 张不同女生的童年照中选出 2 张，人机共同观察，根据不同女生的童年照，匹配她们的成年照）。

阅读 PPT：不同女生的童年照和成年照。

（2）提问：如果你是挑战者，你会从哪些方面进行观察和识别？

预设：眼睛、鼻子、嘴巴……

（3）交流并达成共识：相貌"性状"——"天生的、不易改变的"相貌特征。

板书：性状特征不同（天生的）。

设计意图： 本节课的学习和探究主要建立在对于"性状"这一概念的理解，所以设计观察童年照和成年照这一情境，可以很好地帮助学生关注那些天生的、不易改变的相貌特征，理解"性状"这一概念。

（二）相貌性状编码——性状组合，相貌各异

（1）阅读 PPT：机器人人脸识别的流程图。

教师简单讲解：人脸检测—预处理—特征提取—匹配和识别—输出结果。

过渡：我们也来模拟小度进行人脸识别。（流程：先进行特征提取，再将其转化成编码，最后进行对比，找到班级里最像的两个人。）

引出相貌性状编码游戏。

设计意图：人脸识别是当前社会应用越来越广泛的一种技术。通过阅读机器人人脸识别的流程图，学生可以了解它的基本原理，更重要的是将这一流程和后面的相貌性状编码游戏建立关联，并对此活动产生浓厚的兴趣。

（2）学习活动一：相貌性状编码——寻找最像的同学。

①阅读 PPT，了解相貌性状及其编码。

②阅读"我的相貌性状分析表"（见表 2-3-1），教师简单讲解填写方法。

小组合作，每个学生填写自己的相貌性状编码。

表 2-3-1

	相貌性状									
	双眼皮		前额		酒窝		耳垂		头发	
具体表现	有 写1	无 写0	"V"发尖 写1	平发际 写0	有 写1	无 写0	有 写1	无 写0	卷 写1	直 写0
编码										

③寻找班级里最像的同学。

教师引导：请一位同学上台，其余同学全体起立；台上的同学依次报自己的相貌性状编码，每报一项，与之不一样的同学就坐下，请最后剩下的同学上前与之进行观察、对比。

提问：他们的相貌性状编码一样，他们长得像吗？游戏过程中，你有什么发现？

④集体交流发现：

A. 他们的相貌性状编码一样，但是因为他们还有很多其他性状不一样，所以他们的相貌不一样。

B. 随着性状的增加，站着的人数越来越少。

设计意图：通过这个游戏，让学生经历观察、编码、对比的过程，在这个过程中，随着站着的人数越来越少，学生初步感知人的相貌各异实际上是因为人的各种性状不一样。而通过观察、对比最终编码相同的几人，学生发现人的相貌其实是由很多性状组合而成的。

（3）分类计算：PPT 演示根据性状进行分类计算的过程，如图 2-3-1 所示。

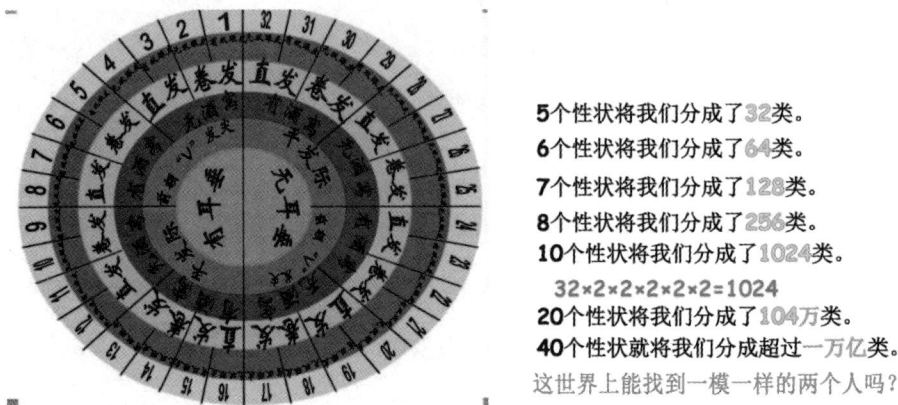

5个性状将我们分成了32类。
6个性状将我们分成了64类。
7个性状将我们分成了128类。
8个性状将我们分成了256类。
10个性状将我们分成了1024类。
$32×2×2×2×2×2=1024$
20个性状将我们分成了104万类。
40个性状就将我们分成超过一万亿类。
这世界上能找到一模一样的两个人吗？

图 2-3-1

提问：这世界上能找到一模一样的两个人吗？

预设交流：

①有可能，有些双胞胎就几乎一模一样！

②不能，双胞胎也会有一些细微的不同。

③只要有一个部位不一样，相貌就不一样了。

（4）阅读 PPT：小度第一轮挑战的识别结果（双胞胎万分之一的区别）。

小结：我们的相貌由很多性状组合而成，而每个性状表现出的特征各不相同，导致我们的相貌各异！

引出课题——相貌各异的我们（板书）。

设计意图：性状分类计算的演示过程，其实就是对人的相貌进行二歧分类的过程，与前两节课中对植物和动物的分类方法类似。通过性状分类计算，学生基本可以理解并接受人的相貌各异是因为组成相貌的各个性状不同。在很多学生的前概念中双胞胎的相貌是一模一样的，而通过人脸识别技术得到的双胞胎的数据，有力地证明了即使肉眼看似一模一样的双胞胎的相貌也是有细微的区别的，很好地扭转了学生的原始认知，并且这一认知是建立在证据上的。

（三）宝贝回家——发现相貌各异的奥秘

（1）提问：为什么我们的相貌会不一样呢?

引出前概念：因为我们的基因（父母）不一样。

（2）过渡：我们的相貌各异的背后还藏着哪些科学奥秘呢?接下来让我们跟着《最强大脑》继续探究。人类继上次挑战失败后，再次挑战小度，这次会是怎样的挑战呢?

观看《最强大脑》——第二轮挑战：人类和小度根据父母的照片，寻找走失儿童。

（3）学习活动二：我们来挑战——宝贝回家。

①导语：我们也来进行"宝贝回家"的挑战，发现相貌各异的奥秘。

挑战内容：这原本是一个幸福的家庭，但家里的小女儿在她小的时候走失了，他们需要同学们的帮助，让他们的宝贝回家。

阅读PPT：走失儿童儿时的全家福照片和二姐的成年照及4位备选者的照片。

②阅读PPT：挑战过程和要求，如图2-3-2所示。

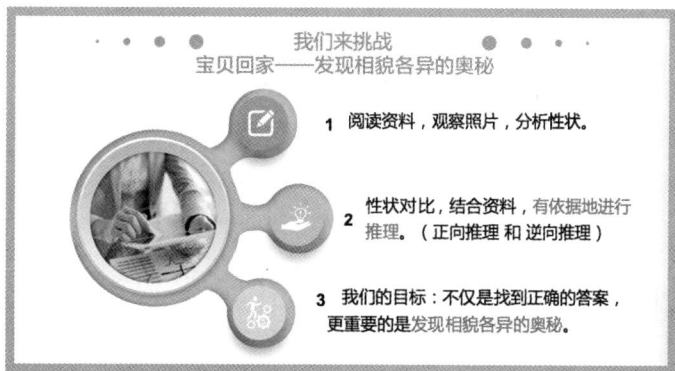

图2-3-2

教师讲解：记录表的填写方法和注意事项，如图2-3-3所示。

③小组活动（任务一）：小组合作，阅读资料，分析推理。

活动资料：1张任务单（见图2-3-4）、2组彩色照片（儿时的全家福照片和二姐的成年照、4位备选者的照片，略）、3张资料卡（略）。

【遗传概率大】大眼睛、黑眼珠、长睫毛、大下巴、大鼻孔、宽鼻子、高鼻梁、大耳朵、嘴唇的厚度 ①

（可用 不同颜色记号笔 或 画线、标序号的方式 在原文中标出）

备选者	对比者	性状	编码 (是1/否0)	参考资料 (一/二/三)	信息具体出处
1	妈妈	黑眼珠	备选者 1	一	①
			比对者 1		

图 2-3-3

宝贝回家 任务单　第（　）组
——发现相貌各异的奥秘

识别流程:

阅读资料—分析性状—进行对比— 结合资料进行推理。

经过分析，我们认为（　）号为走失者。我们搜集到的证据如下:

备选者	对比者	性状	编码 (是1/否0)	参考资料	信息具体出处

图 2-3-4

④提前完成的小组，领取任务二（见图2-3-5）。（部分小组）

⑤小组按照汇报格式（见图2-3-6）进行汇报、交流。

⑥若有小组完成任务二，可上台汇报。

⑦揭示正确答案，交流研讨:为什么她和她的家人长得不太像呢? 利用资料上的信息有依据地进行解释。

任务二 相貌性状编码 第（ ）组										
	相貌性状									
	双眼皮									
具体表现	有	无								
编码	1	0	1	0	1	0	1	0	1	0
（ ）号的相貌性状编码										
（ ）号的相貌性状编码										

恭喜你们顺利完成第一个任务，迎接第二个任务：

请自主**选择几个相貌性状**，为你们确定的这位走失的女孩和她其中的一位家人进行**相貌性状编码**。

思考：女孩的相貌性状编码和她家人的完全一样吗？

你们能用资料中的信息进行解释吗？

图 2-3-5

【汇报格式】

请参考以下格式，对上表进行汇报：

经过我们的分析，我们认为（ ）号是他们失散的家人。

我们搜集到的证据有（从表格第一行开始，**逐行进行汇报**）。

比对她和 某位家人 的 某一相貌性状 ，发现：

A.都是＿＿＿；　　　B.一个是＿＿＿，另一个是＿＿＿。

结合资料 **一／二／三** 中的 **具体信息** （在资料原文中指出，并读出）

这支持：她是走失者。

（下一行内容）

所以，我们最终确定（ ）号是走失者。

大家有不同建议或者补充吗？

图 2-3-6

（4）再次提问：我们的相貌各异是因为什么？

交流反馈：遗传、变异、环境……（板书）

（5）小结：在这次的挑战中，同学们不仅帮助宝贝回到家，还发现了相貌各异的奥秘——人的相貌各异和遗传、变异、环境等因素有关！

恭喜你们！挑战成功！

设计意图：借助寻找走失儿童的情境，以挑战的形式设计任务，增加学生的兴趣，充分激发学生自主探究的内驱力。任务一主要使学生学会查阅资料，并能结合实际问题提取所需信息进行分析推理，从而得出结论。同时，在寻找答案的过程中，学生可以了解到人的相貌各异与遗传、变异和环境的关系。而任务二的设计主要针对个别较快完成任务一的小组，是对前面的相貌性状编码的应用和提升。通过相貌性状编码的对比并结合资料中的信息进行再次分析，促进学生进行更深入的思考，帮助学生理解遗传和变异的概念。

（四）总结

（1）过渡：人类和小度这次挑战的结果如何呢？让我们回到《最强大脑》的现场。

观看视频：《最强大脑》人机大战后的片段。

（2）总结：虽然人类挑战失败，但人类可以和人工智能共同合作，利用人脸识别技术找到更多的走失儿童！我们这节课做的也是人脸识别的实验，并且做得很棒！人脸识别技术不仅可以帮助我们找到走失儿童，还可以被应用到很多地方，如密码解锁、支付、抓捕罪犯……还有更多的应用，期待大家去探索。

设计意图：通过情境设置，让学生意识到人工智能的发展和应用影响着人类生活和社会发展。

八、【作业设计】

（1）对照自己和父母的相貌，对比分析彼此的性状，运用所学知识进行解释。

（2）查阅资料：思考不同人种的形态特征，除了相貌，还有哪些不同？和他们所生活的环境有什么联系？

设计意图：作业一是让学生将所学知识和方法在生活中加以运用，对象是自己和父母，这个设计能使学生更积极主动地完成作业；作业二看起来是对本节课内容的拓展，其实涉及了本单元的大概念——生物的多样性与环境的关联。

九、【评价设计】

根据科学新课标的评价建议，小学科学课中评价的方式主要有过程性评价和终结性评价。过程性评价是指在学习过程中进行的，与学生的学习交融在一起的，包括课前、课中、课后针对学生的学情及学习表现所进行的评价活动；终结性评价是指在学习进行到一个阶段之后，针对学习的效果进行检查的评价活动。终结性评价的期限一般以学期或学年、学段为界。所以，针对这节课的学习，我主要对学生的学习进行了充分的过程性评价。

课前，我通过访谈、测试等方法进行学情诊断，从而了解学生的原有知识、经验和认知结构，以此为依据进行教学设计，调整教学策略，使之更适合学生。课中，我以游戏、挑战任务等形式设计学习活动，并适时向学生提问、设问，和学生互动，及时给予个人及小组以合理有效的评价，通过学生各个学习活动的学习单的填写情况及课堂发言情况，了解学生的想法和学习情况，帮助和促进学生学习。其中，我在汇报环节为学生提供了汇报格式，帮助学生充分展示自己的想法和做法，更好地开展交流，并进行自评和互评，引导学生更加关注寻找答案的过程而非答案本身。课堂学习结束，但探究和思考并没有结束，我设计了课后作业，使学生在课后继续探究和思考，并通过完成作业了解自己对知识和方法的掌握情况。课后，我还通过检查和评价作业、访谈和分析等方法了解学生对学习目标的达成情况，以更好地进行教学反思。

这样贯穿于学习过程始终的评价，既能帮助教师更好地调整教学策略，进行教学设计，又能促使学生更加主动地投入学习中，顺利达成学习目标。

十、【案例评析】

近年来，教育改革转向重视核心大概念的教学和基于真实环境的教学。无论何种学习方式，都是让学习者参与到真实实践中，使其成为学习经历的一部分。当学生在有意义的情境中获得信息，并将其与先前的知识建立起关联时，他们就能在新的情境中应用这些知识，并获得更好的、更广泛的概念理解。

本节课创设"寻找走失儿童"的真实情境，从学生的学习状态和课后访谈中得知，参与真实实践至少为学生带来了三个好处。

（1）真实实践让学生对生物体的结构及其与环境相关的知识结构理解得更深刻。平时常见的人体相貌的概念背后是物种的概念，是生物体与环境之间的联系。人类难以逃脱自然规律，在自然面前，人是渺小的；人类又能通过科学方法认识到人的客观特点，从这个方面讲，人是伟大的。通过调查，我发现在课后的诊断评价中，经历本次情境学习的学生的作业本的答题正确率比其他班级的学生要高；在一些涉及认知观念的答题中，经历本次情境学习的学生思考得更全面。真实的情境学习让学生的观念发生了积极的转变。

（2）真实实践提供了一个有意义的情境，学生的学习深度得以提升。这种情境着重提高学生运用所学知识的能力，激发学生的学习动力，促进学生对知识内容的习得。在课堂上，我发现全班 45 位学生在探究活动中全程参与，学生的注意力保持高度集中。课堂内学生主动学习的时间记录有 32 分钟，占课堂总时长的 80%。为了找到走失儿童，学生积极运用分类法，同时结合资料查找、推理分析等以前学过的探究技能。在实践所赋予的身份带来的责任感中，学生运用探究技能，对各种方法的综合运用进行深刻的关联与整合。真实的情境学习让学生的学习行为发生了积极的转变。

（3）参与到特定实践中后，大部分学生认为本节课的学习很有价值，学生对学习的认识更加深刻。他们认为从性状的分类描述到编码组合，可以帮助人类完成很多有价值的事。调查访谈时，在关于"你认为对人的性状进行研究能帮助你做什么事"这一问题的回答中，有的学生回答想要继续研究人脸识别技术，有的学生回答想要研究自己的祖先的生长环境及用相貌来研究族谱，还有的学生回答自己不会轻易整容，因为每个性状背后都有生存的优势。学生都表达了想要参与到学习环境之外的实践中的意向。真实的情境学习让学生的学习态度发生了积极的转变。

十一、【板书设计】

板书设计如图 2-3-7 所示。

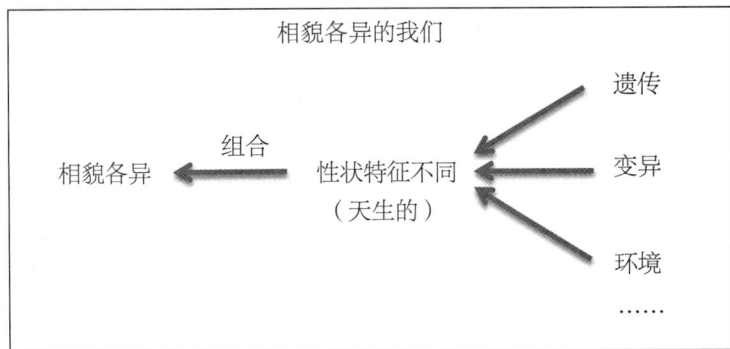

图 2-3-7

设计意图：利用思维导图的形式列出概念之间的关联，帮助学生建构相关概念，厘清思路。

案例4：寻找生物的家园

江苏省南京市南师附中仙林学校小学部南邮校区　丁青

主题	寻找生物的家园		
教材版本	江苏凤凰教育出版社	年级	六年级下册
单元	第四单元　共同的家园	课时	第一课时

一、【课标内容】

12. 动植物之间、动植物与环境之间存在着相互依存的关系。

12.1　动物和植物都有基本生存需要，如空气和水；动物还需要食物，植物还需要光。栖息地能满足生物的基本需要。

五至六年级　举例说出常见的栖息地为生物提供光、空气、水、适宜的温度和食物等基本需要。

12.4　自然或人为干扰能引起生物栖息地的改变，这种改变对于生活在该地的植物和动物种类、数量可能产生影响。

五至六年级　认识到人与自然环境应该和谐相处，认识到保护身边多种多样的生物非常重要。

二、【教学目标】

（1）科学知识：通过为典型生物设计家园、模拟沙盘，理解生物依赖环境生存的概念。

（2）科学探究：在介绍沙盘的过程中，理解栖息地的概念及生物之间的合作与敌对关系并举例。

（3）科学态度：通过判断身边环境进一步加深对栖息地概念的理解，列举破坏身边环境的实例，强化保护环境的意识。

（4）科学、技术、社会与环境：通过对比，意识到生物离不开合适的栖息地。

三、【学情分析】

对六年级的学生来说，生物的家园并不难理解，他们也能说出生物依赖环境生存的概念，但是这些知识仅停留在表面口述、大道理讲述阶段，很难深入学生的内心，强化学生内心的意识。所以，本节课的重点不仅是让学生理解概念性的知识，更重要的是将生物的家园深化到学生的内心深处，从大处着眼，从小处着手，帮助学生将课堂所学与日常生活紧密结合。

四、【教学重点与难点】

（1）教学重点：通过设计、观察、介绍模拟家园，引导学生意识到生物离不开合适的栖息地，解释环境对生物的意义。

（2）教学难点：使学生理解身边的各种环境都是生物的栖息地，真正理解栖息地的概念，通过列举破坏身边环境的实例，强化保护环境的意识，认识到"科学观点是建立在证据之上"的。

五、【设计理念】

（一）教学内容

"寻找生物的家园"是苏教版六年级下册第四单元的起始课，是总领单元，它将学生的视角转入生物与环境的研究，借助沙盘搭建，引导学生发现生物对环境的依赖性，揭示环境对生物的意义，并理解生物之间的关系，从而从内心深处真正做到保护环境。小学科学课程是以培养科学素养为宗旨的科学启蒙课程，开放式教学与情境教学是科学教学必不可少的有效模式，只有将二者有机结合，才能另辟蹊径、走出课堂、突破教材，真正打造创新、开放的有效课堂。

（二）教学方法

科学知识需要情境才能获得意义，情境需要科学知识才能得以提高。科学探究的目的是让每个学生参与到活动情境之中，达到学习科学知识的目的。学生在亲历探究的过程中不仅可以巩固已学知识，加深对概念和规律的深刻理解，更重要的是可以在创作中不断探索，勇于创新。开放式教学与情境教学进一步增强了学生战胜困难的信心。

在现代的课堂教学中，教学形式更加灵活多样，教学氛围更加民主宽松，科学教育与 STEM 教育紧密结合，更要求现代科学教师巧妙、熟练地运用情境教学，从而达到科学课堂的开放。情境教学具有"形真""情切""意远""理蕴"四大特征，想要将这四大特征与科学课堂紧密结合，更需要将理论与实践有机结合。

六、【教学准备】

（1）教具：PPT、平板电脑。

（2）学具：沙盘、各种生物的模型、黄沙、白沙、草皮、卡纸、剪刀。

七、【教学过程设计】

总体思路：早在 1969 年，美国教育家科恩便创建了以题目为中心的"课堂讨论模型"和"开放课堂模型"，这是开放式教学的雏形；随后，美国教育家斯皮罗于 1992 年创建的"随机通达教学"和"情景性教学"在原先基础上更加强调学习是学习者主动建构的内部心理表征过程，教师的角色是思想的"催化剂"与"助产士"。在我国，最早系统化地提出情境教学的是全国著名特级教师李吉林。李吉林教师创立的教学流派主张情境教学是充分利用形象、创设典型场景，激起学生的学习情绪，丰富学生的感知，并协调大脑左右两半球的相互作用，把认知活动与情感活动结合起来的一种教学模式。就连火遍全球的 PISA 考试科学测评的第一条向度也是与生活相关的情境。所以，本节课重点创设有效的情境，让学生身临其境，完成课堂学习。

（一）创设生活情境，问题开放——矛盾式导入

教师：同学们，这是南京的红山森林动物园，我们班有多少位同学去过呀？让我们一起走进红山森林动物园。大家看，图片中的动物们生活在这里，衣食无忧，它们快乐吗？如果你们是这些动物，你们有什么感受呢？

教师：什么样的动物园是你们喜欢，动物们也喜欢的呢？

学生：野生动物园。

教师：野生动物园是什么样的呀？（观看视频）

设计意图： 开场便将学生带入情境，置身于十分熟悉的城市动物园，利用动物们被关在笼子里的照片抛出疑问，角色转换，使学生身临其境，体会动物们的感受，发现城市动物园的弊端，顺势引出生活环境更加自由、更贴近自然的野生动物园，在有限的教室空间中利用丰富的多媒体手段呈现出真实的情境。

（二）模拟栖息情境，思维开放——趣味化探究

教师：同学们，除了红山森林动物园，南京还有一个野生动物园——灵玲野生动物园，就在浦口的老山附近。如果将城市动物园里的动物们搬迁到野生动物园里，它们能这样生活在一起吗？为什么？

学生：不能，因为企鹅生活在南极，骆驼生活在沙漠……（教师按顺序板书）

教师：生物的家园是什么样的呢？今天我们一起为这些生物设计家园，好吗？

分小组，分环境，介绍沙盘，引出栖息地的概念及其与生物之间的关系，如图 2-4-1 所示。

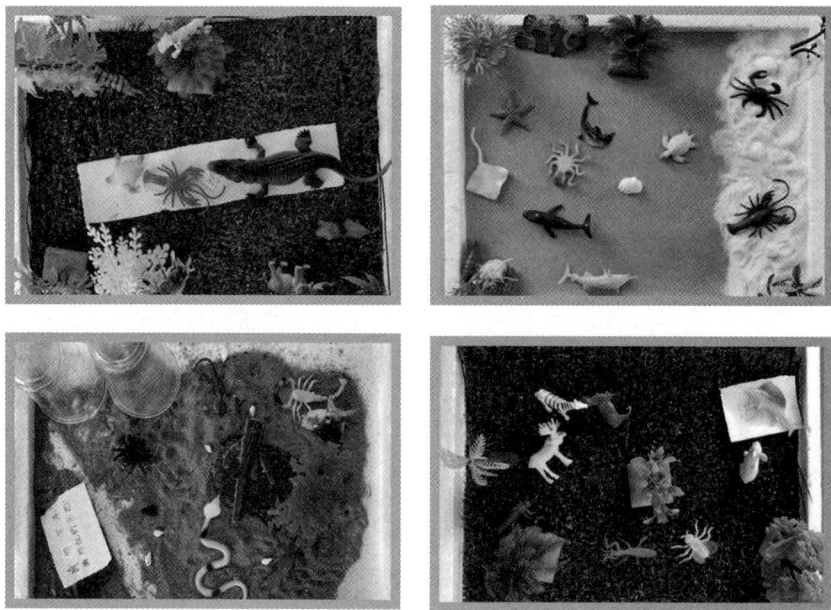

图 2-4-1

设计意图： 通过模拟情境，将平面的教学转化为立体的操作，为学生创设特定的情境，提供相应的材料，让学生更加真实地感受几种典型栖息地的特征。在情境教学中将知识点一一贯穿，避免单纯枯燥的讲解，让学生在开放式的教学环境下，通过模拟情境，渗透栖息地的概念及其与生物之间的关系。

（三）迁移真实情境，情感开放——感悟力升华

教师：你们的塑料筐里还有一些生物，你们觉得它们应该生活在哪里？请大家把它们送回去好吗？

教师：（森林、草原、极地、海洋、沙漠）这些都是生物的家园，为生物提供了生存所需的水、食物、住所。回到我们的身边，校园里的小花园是生物的家园吗？你们的判断依据是什么？校园里的小池塘呢？教学楼旁边的小树呢？树根下的土壤呢？

教师出示相应的图片，如图 2-4-2 所示。

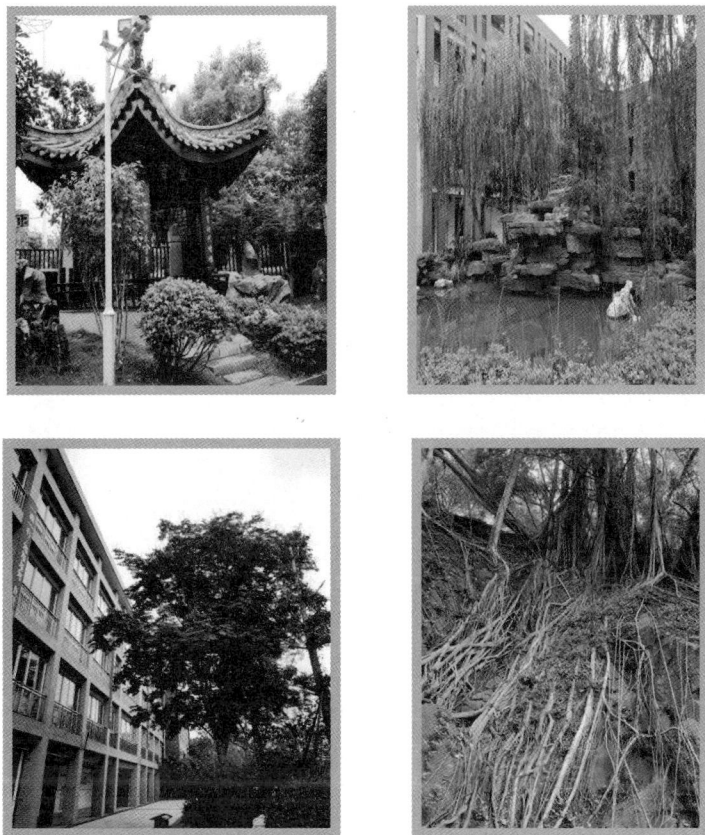

图 2-4-2

教师：同学们都知道森林乱砍滥伐、草原过度放牧会导致土地荒漠化，破坏生物的家园，可是在我们的日常生活中，我们又做了什么呢？大家有什么想法吗？（观看图片）

学生：保护生物的栖息地，保护生物的家园，从身边做起，从小事做起。

设计意图： 由大环境聚焦到身边的小环境，将栖息地的概念内化，引发学生对栖息地的保护意识，将平时常挂在嘴边的保护环境落到实处，避免说空话、讲大话的口号式教育。利用生活中的小情境视频，使学生的情感彻底开放，学生畅所欲言，身临其境，感悟真实。

（四）回归野外情境，探究开放——散发性延伸

教师：你们发现城市动物园有不好的地方，那野生动物园就是最好的家园吗？

学生：生物最原始的家园应该是大自然，这才是生物的家园。

板书：生物的家园。

教师：我们今天设计的野生动物园如何能更接近自然环境呢？每种环境需要多大的面积呢？需要种植哪些植物呢？又应该放养多少生物才最合适呢？在接下来的学习中，我们还会解决更多的问题，请同学们课后继续思考，进一步完善我们的设计，为我们的野生动物园提出更科学的建议，老师期待大家精彩的作品，好吗？

设计意图： 引发矛盾，拓展延伸，将栖息地的保护延伸到课外，打破课堂的局限，将探究情境开放，使学生带着所学所知开展更深入的研究，将学生在科学课堂上的所学与现实生活有机结合，将情境教学扩大，使学生的思维更加开放，同时为后面的学习做好强有力的铺垫。

八、【评价设计】

按照切入的时机和发挥的功能来区分，教学评价可以分为形成性评价和总结性评价。我在本节课的教学中，适时地采用了这两种评价方式。

（一）形成性评价

形成性评价注重对学生学习过程的关注，其作用是使学生了解自己的学习状况，有助于学生发展自主学习。我在本节课的教学中设计了一系列具有良好结构性的问

题，向学生设问，并及时有效地加以评判和反馈，学生在整节课中得到了合理有效的评价。这种贯穿于全课的形成性评价既有利于学生的自主学习，又能帮助教师及时调整教学策略。

（二）总结性评价

以往一节课的总结性评价无非是学生做做习题或由教师发表一番感受，这种评价模式往往是低效的甚至是无效的。无论是做习题还是听教师发表感受，都没有真正暴露学生的真实想法，其评价效果可想而知。我在本节课的最后为学生创设了一个情境——回归野外，希望学生不仅在课上学习，还能在课下进行延伸，为我们的野生动物园提出更科学的建议。相信学生通过本节课的学习会将所学延伸到课外，真正学以致用。

九、【案例评析】

情境的本质是"人为优化的环境"，科学课堂离不开生活情境。它有时候是真实的生活片段，有时候是教师创设的符合教学内容的巧妙情境，目的都是让学生主动探究、乐于学习，积极探究、主动学习，在情境中将科学问题生活化、将科学知识真实化，从而优化学习效果，增强学生内在的学习动力。教师需要在教学中，不断优化自己的教学设计，结合情境教学的四大特征，寻找科学教学中情境使用的最优状况。

（一）"形真"——以实物演示情境，体会亲切感

"形真"即神韵相似，以鲜明的形象，使学生体会教材的亲切感，在有限的课堂环境中感悟真实的情境，达成开放式教学的目标。

300多年前，捷克教育家夸美纽斯在《大教学论》中写道："一切知识都是从感官开始的。"这种论述反映了教学过程中学生认识规律的一个重要方面：直观可以使抽象的知识具体化、形象化，有助于学生感性知识的形成。情境教学可使学生身临其境，通过给学生展示鲜明、具体的形象，使学生从形象的感知达到抽象的、理性的顿悟，激发学生的学习热情和学习兴趣，使学习活动成为学生主动的、自觉的活动。

本节课利用各种生物的模型、黄沙、白沙、草皮等模拟现实生活中的实物，形象真实，学生更容易走进情境，打开心扉，动手操作。"生命科学"领域的科学课

堂想真正做到情境教学相对困难，而"寻找生物的家园"这一课的内容更是很难做到情境教学，因此利用各种实物模型，尽可能还原真实的自然环境，就显得尤为重要。本节课为学生提供了各种实物模型，使学生自由演示不同环境，真真切切地感受到大自然的神奇与奥秘，同时使学生身临其境，突破课堂的限制，从而领会大自然这个家园的魅力与真实。

情境教学要求遵循愉悦、轻松的体验性原则。教师在愉悦、轻松的情境或气氛中引导学生产生各种问题，展开自己的思维和想象。本节课最重要的环节是为企鹅、棕熊、斑马、骆驼、海豚分别设计家园，将书本式的死板教学转化为模拟情境的代入式体验，让学生玩得轻松、学得愉快，自主提出各种疑问，展开辩论与想象。

（二）"情切"——以生活展现情感，调动主动性

"情切"即情意真切，情感参与认知活动，充分调动学生的主动性。它最显著的特点便是陶冶人的性情，激发各种情感。

情境教学的陶冶功能就像一个过滤器，使人的情感得到净化和升华。南朝学者颜之推指明了它在培养、教育青少年方面的重要意义："人在年少，神情未定，所与款狎，熏渍陶染，言笑举动，无心于学，潜移暗化，自然似之。"也就是古人所说的"陶情冶性"。

1. 矛盾情境导入，激发思考情感

情境教学可以培养学生的思辨能力。利用矛盾式导入，将学生的情感一步步激发，使其快速进入课堂学习中。

用学生熟知的城市动物园切入，激发学生"玩"的兴趣；再将其转变为动物园中动物们不快乐的生活图片，将学生带入其中，转变角色，激发学生思考与解决问题的热情，从而引出野生动物园的概念。在最后完成家园的设计工作后，将矛盾扩大，野生动物园依然不是动物们最自由的生活环境，层层拔高、由小及大，使学生切身体会大自然这个家园的重要性。在这个过程中，学生的思考情感步步涌出，将切身体会的情感上升到新的高度。

2. 栖息情境模拟，体验真实情感

原本典型栖息地的教学只能通过图片或视频等材料进行视觉赏析，利用沙盘的

形式进行模拟虽然有所欠缺，但是能更真实、形象地展现学生的思维过程。在沙盘设计的过程中，小组交流讨论，生生、师生的语言冲突能使学生更好地体验真实情感，在动手操作中互诉内心真实的想法。

情境教学在科学课堂尤为重要，科学源于生活、回归生活。只有将有限的教室、有限的时间完全拓展，才能使学生体验最真实的情感，从而将所学所知真正运用到日常生活中。模拟家园的活动，虽然耗费了教师大量的准备时间，一次次对比材料、一次次筛选、一次次增减，都倾注了教师大量的时间、精力，但是只有进行有效的模拟，学生才能真实体验，才能入情入境，达成教学的最佳效果。

3. 校园情境结合，内化认知情感

情境教学就是在教学过程中激发学生积极的、健康的情感体验，直接提高学生对学习的积极性，使学习活动成为学生主动进行的、快乐的事情。

实验中介绍的几种典型栖息地离学生太遥远，虽然掌握了知识点，但是学生并没有亲身体验，栖息地的概念并没有内化到学生的内心深处。本节课由大转小，回归到身边环境，利用校园里的场景，如花园、池塘、大树、树根，这些学生每天都走过、看过的熟悉场景，让学生真正理解栖息地的概念：我们所能看到的一个个小小的地方，都可能是生物的家园。

通过创设校园情境，激发学生积极的、健康的情感体验，使学生内化科学知识并渗透入心，让学生真正学以致用，将课堂知识扩散到生活中的点点滴滴。

4. 身边情境再现，升华环保情感

保加利亚心理学家洛扎诺夫指出："我们是被我们生活的环境教学和教育的，也是为了它才受教学和教育的。"只有真实情境的教学才能贴近学生的心理，达到教学的最有效化。

生物的家园也就是生物的栖息地的科学知识已经被熟知，但是更重要的是在学生小小的心灵上撒下保护环境的种子。

乱砍滥伐、过度放牧会造成土地荒漠化，而这些举动对学生来说显得那么空洞缥缈。教师不妨利用学生平时随处可见的摇树、往小池塘扔垃圾、踩草坪、往土壤里扔电池这些微小的行为，呼应前面所讲的身边的栖息地，让学生明白这些微小的行为才是破坏生物家园的"罪魁祸首"。

（三）"意远"——以模拟体会情境，发挥想象力

"意远"即意境深远，形成想象契机，有效地发挥学生的想象力。情境教学可以为学生提供良好的暗示或启迪，有利于锻炼学生的创造性思维，发挥学生的想象力。

本节课在导入环节展示的是红山森林动物园的图片，这个地方对南京地区的学生来说相当熟悉。紧接着通过展示动物园中处于几种不同生活环境的动物们的生活现状，使学生代入角色，感受动物们的感受，模拟动物园的情境，极力发挥学生的想象力，同时激发学生的各种情感。

本节课中最重要的设计家园的活动，更好地诠释了"意远"。教师在未进行知识讲解前，充分挖掘学生的前概念，让学生自由讨论。各小组利用"智慧的火花"完成一个个沙盘作品，甚至有些小组在完成作品的基础上，利用空白纸张进行设计和补充，将生活中的知识与想象力充分融合。

无论是导入、设计沙盘，还是栖息地概念的延伸，学生都需设身处地，将自己置于一种情境，将抽象的概念具体化，运用自己丰富的想象力，使课堂呈现出真实、高效的效果。

换言之，情境教学中的特定情境，提供了调动人的原有认知结构的某些线索。经过思维的内部整合，人就会顿悟或产生新的认知结构，而情境所提供的线索起到了一种唤醒或启迪智慧的作用。

（四）"理蕴"——以语言描绘情境，提高认识力

情境教学十分讲究直观手段与语言描绘的结合。在情境出现时，教师伴以语言描绘，这对学生的认知活动起到一定的导向作用。而学生自我的语言描绘，更是对知识的有效反馈。教师的语言描绘提高了学生感知的效应，使创设的情境更加鲜明，并且带着感情色彩作用于学生的感官；学生因感官的兴奋，使主观感受得到强化，从而激起情感，促进自己进入特定的情境中。

"图片中的动物们生活在这里，衣食无忧，它们快乐吗？如果你们是这些动物，你们有什么感受呢？"

"什么样的动物园是你们喜欢，动物们也喜欢的呢？"

"如果将城市动物园里的动物们搬迁到野生动物园里，它们能这样生活在一起

吗？为什么？"

"同学们都知道森林乱砍滥伐、草原过度放牧会导致土地荒漠化，破坏生物的家园，可是在我们的日常生活中，我们又做了什么呢？"

课堂的主体是学生，教师是观察者、协助者，甚至是多余的，因此教师的每句话都显得尤为重要。要想有效而简洁地抛出问题，引发学生思考，关键就在于教师的语言魅力，不仅是文字功底，表情、情感也十分重要。

学生在个别发言、小组讨论、代表汇报时的语言描绘也能很好地反映他们对于知识的了解，以及他们是否真正感悟和内化了知识。例如，当教师出示两位学生趴在树上的照片时，前排有位学生不由自主地摇头，轻声说"不可以这样做"，那一瞬间，语言的力量是无限的。

在情境教学中只有做到"形真""情切""意远""理蕴"四大特征，才能真正使课堂开放、思维活跃、探究高效。

情境教学要求创设的情境要使学生感到轻松愉快、心平气和、耳目一新，促进学生心理活动的展开和探究的深入进行。在课堂教学的实践中，教师应认识到：欢快活泼的课堂气氛是取得优良教学效果的重要条件，学生情绪高涨和欢欣鼓舞之时往往是其知识内化和深化之时。教师应利用各种情境设置，使课堂开放、思维活跃，使学生真正进入创设的情境中，达成教学目标，使科学课堂不再局限于小小的教室中，而是拓展到身边的每个角落里，让学生在科学探究之路上展翅高飞、自由翱翔！

十、【板书设计】

板书设计如图 2-4-3 和图 2-4-4 所示。

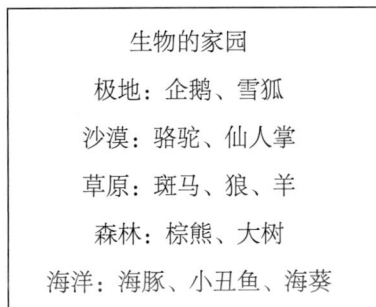

生物的家园

极地：企鹅、雪狐

沙漠：骆驼、仙人掌

草原：斑马、狼、羊

森林：棕熊、大树

海洋：海豚、小丑鱼、海葵

图 2-4-3

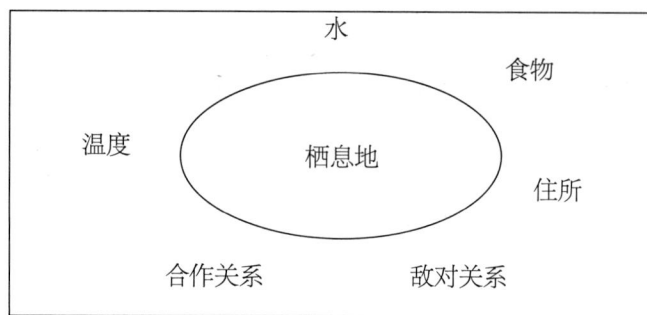

图 2-4-4

第三章　地球与宇宙科学

案例1：昼夜交替

山西省临汾市霍州市教育科技局教研室　薛云龙

主题	昼夜交替		
教材版本	江苏凤凰教育出版社	年级	五年级上册
单元	第一单元　白天和黑夜	课时	第三课时

一、【课标内容】

13. 在太阳系中，地球、月球和其他星球有规律地运动着。

13.1　地球每天自西向东围绕地轴自转，形成昼夜交替等有规律的自然现象。

五至六年级　知道地球自西向东围绕地轴自转，形成了昼夜交替与天体东升西落的现象；知道地球自转轴（地轴）及自转的周期、方向等。

二、【教学目标】

（1）科学知识：知道昼夜交替现象是由地球自转产生的；知道地球自转的方向是自西向东。

（2）科学探究：基于生活经验及所学知识辨析昼夜交替的成因——地球自转；基于"影子变化的规律"的证据探究地球自转的方向。

（3）科学态度：注重逻辑推理思维的养成，用地球上"昼夜变化及影子变化的规律"的证据，自主探究地球自转的方向；激发自主探究地球与宇宙奥秘的兴趣，通过探究昼夜交替这一自然现象，形成科学的自然观。

（4）科学、技术、社会与环境：应用模型解释自然现象；结合证据正确使用模型。

三、【学情分析】

五年级的学生通过前两节课的学习和已有的生活经验，对一天中上午、中午、下午三个时段阳光下物体影子的方向、长短及温度的变化已经有了一定的认识，并能总结出阳光下影子变化、温度变化的规律。这些规律将成为学生研究昼夜交替成因、地球自转方向的证据，即学生学习新知是建立在其原有认知基础上的。

五年级的学生已经有了一定的归纳能力与探究能力，本节课通过让学生根据已有的生活经验自主探究地球自转的方向，从而知道如何运用已有的生活经验——"影子变化的规律"解释"为什么地球自西向东转动"这一自然现象，进而激发学生对地球科学的探究兴趣，提升学生的科学思维能力。

四、【教学重点与难点】

（1）教学重点：理解地球自转能产生昼夜交替现象。

（2）教学难点：探究地球自转的方向。

五、【设计理念】

（一）教学内容

"昼夜交替"是苏教版第一单元"白天和黑夜"的第三课，要求学生在学习了"太阳和影子""太阳钟"两节课后，用已有的生活经验探究昼夜交替的成因。本节课从教材编排上既"承前"又"启后"，为学生学习"看月亮""昼夜对动植物的影响"乃至六年级的"地球的公转"奠定基础，让学生通过建构模型、应用模型解释昼夜交替现象，提升学生的探究能力，通过"做前思、做中学"获取知识。本节课使学生由指导性探究向自主性探究过渡，更注重发挥学生在学习中的主体地位。

多年来，我看到本节课的教学设计及教学活动，都是由教师讲解地球自转及自转方向。在科学新课标的指导下，我对本节课的教学内容进行了整合，使之更符合小学生的认知规律与科学新课标的要求。本节课曾在山西省部分地区进行教学实践，教学效果良好，深受学生和教师的喜欢，成为培训教师的典型课例。

（二）教学方法

科学新课标指出："教师要讲究为学生的科学活动提供帮助的艺术，变告诉为启发，变单向传输为师生互动，变学生被动为学生主动。"本节课的教学，是在学生认识到阳光下影子变化的规律的基础上，从学生对昼夜交替的前概念入手，创设问题，让学生自主探究昼夜交替的成因——地球自转，再通过将"影子变化的规律"作为证据探究地球自转的方向。本节课分别使用了观察法、比较法、合作学习法、直观演示法、模拟实验法等方法促进学生学习。

六、【教学准备】

（1）教具：PPT、白炽灯。

（2）学具：地球仪、聚光手电筒（蜡烛）、短标杆（小纸人）。

七、【教学过程设计】

总体思路：本节课主要帮助学生解决两个问题，一个是昼夜交替的成因——地球自转，另一个是地球自转的方向。本节课通过开展激发学生科学思维的系列活动使学生产生科学思想，让学生应用前两节课学习的知识——阳光下影子变化的规律，通过应用模型自主探究昼夜交替的成因和地球自转的方向。简言之，本节课是基于学生思维的科学探究课。

（一）导入新课

（1）谈话：（板书：昼）谁知道昼是什么意思？白天过去是什么？谁能用一个字来表示？（板书：夜）夜过去又是什么？昼夜是怎么出现的？（板书：交替）

（2）揭示课题：今天我们一起研究昼夜交替是怎么产生的。

（二）探究昼夜交替的成因

（1）引入游戏环节：课前，我对大家关于昼夜变化的原因的猜想进行了一个小调查，大家都认为这种现象与太阳、地球有关。总结来说，主要有两种说法：一种是地球不动，太阳绕着地球转；另一种是地球自己转动。接下来，我们一起做两个游戏，验证一下哪种猜想更符合自然现象。

①思考：想一想要做这两个游戏必须有哪两个天体？（学生：地球、太阳）

②讨论：说一说这两个天体可以用什么代替？

学生讨论太阳可以用灯泡、手电筒、蜡烛等发光的物体代替，地球可以用球体、地球仪代替。

教师总结用白炽灯代替太阳，用自己的头部代替地球。

（2）通过游戏研究"地球不动，太阳绕着地球转"的猜想。

①学生模拟实验。

A. 教师举起"太阳"，绕着1个学生转，其他学生观察这个学生的头部能否出现昼夜交替现象。

思考：太阳周围像地球一样的天体还有7个，如果太阳只绕着地球转，其他天体能同时出现昼夜交替现象吗？

B. 再上7个学生，站在不同的位置，"太阳"只绕着"地球"转，其他学生观察其他7个"天体"能否同时出现昼夜交替现象。

②讨论：这种猜想符合自然现象吗？

（3）通过游戏研究 "地球自己转动"的猜想。

①学生模拟实验。

A. 教师举起"太阳"，每个学生的头部都是"地球"，学生们面向教师，思考此时自己的面部是白天还是黑夜。（学生：白天）

思考：你能让你的面部变成黑夜吗？再变成白天呢？怎样让这种现象交替出现呢？

B. 上8个学生，1个学生代表地球，其他7个学生代表其他7个天体，学生们像"地球"一样自己转动，观察这8个"天体"能否同时出现昼夜交替现象。

②讨论：这种猜想符合自然现象吗？第二个游戏中谁在转动？（学生：地球）

（4）小组交流：这两种猜想哪种更符合自然现象？理由是什么？

教师：你能给地球这样的转动起个名字吗？（学生：自转，填写实验观察单一）

教师播放PPT。（板书：地球自转）

设计意图：这个环节通过游戏让学生在科学思维的基础上对昼夜交替的前概念进行修正，得出地球自转能产生昼夜交替现象的理论，这一知识是学生通过理解自己"学"到的。

（三）探究地球自转的方向

1. 建构模型，选择工具

思考：在刚才的游戏环节中，大家用自己的头部代替地球，要想更好地研究地球的自转，用哪种仪器代替地球更直观呢？（学生：地球仪）

2. 介绍地球仪

思考：大家了解地球仪吗？谁能上来给大家对地球仪进行一个简单的介绍？

讨论：地球仪在转动时有几种转法？（学生：两种）

3. 应用模型，解释现象

（1）思考：刚才我发现大家在做游戏时每个"地球"转动的方向不一样，思考一下地球怎样转动更符合自然现象呢？

（2）播放PPT说一说。

（3）教师引导学生探究地球自转的方向。

①小组讨论做实验需要什么器材。

②教师播放PPT强调实验注意事项。

③教师发放实验器材。

④学生根据短标杆（小纸人）影子的变化，填写实验观察单二。

⑤小组交流。

（4）小结。

①说说地球怎样转动更符合自然现象与影子变化的规律。（板书：自西向东）

②根据昼夜交替规律，计算地球自转一周大约需要多长时间。（板书：24小时）

③教师播放PPT，学生整体感知地球自转。

设计意图: 学生的主动学习建立在自主思维的前提下。这个环节的设计以学生的生活经验为基础、以学生掌握的规律为证据,通过应用模型,由果溯因,使学生的科学思维能力得到发展与提升,从而达到解决问题的目的。这是为学生的"学"而进行的教学设计,能充分体现学生在学习中的主体地位。

(四)拓展应用

1. 应用新知

思考:本节课我们通过探究知道了昼夜变化的原因,请看大屏幕。(播放PPT)请大家在中国政区图上分别找出首都北京与新疆维吾尔自治区首府乌鲁木齐,并运用今天的新知,说一说同一天中北京与乌鲁木齐的小朋友谁先看到日出?(说出理由)

2. 拓展新知

思考:(播放PPT)课后仔细观察地球仪,想一想,2021年中央电视台春节联欢晚会于北京时间2月11日20时向全球播放,远在美国的观众应在什么时候观看晚会的开场直播?

设计意图: 科学源于生活、回归生活。这个环节的设计基于学生所学新知,通过应用新知解释生活现象,既巩固新知,又提升能力。

八、【评价设计】

按照切入的时机和发挥的功能来区分,教学评价可以分为形成性评价和总结性评价。我在本节课的教学中,适时地采用了这两种评价方式。

(一)形成性评价

形成性评价注重对学生科学思维能力提升的关注,其作用是使学生通过已有的生活经验自主学习与探究,形成对昼夜交替的新的认知。我在本节课的教学中设计了一系列具有导向性的游戏与问题,通过活动修正学生对昼夜交替的前概念,帮助学生激发科学思维——地球自转能产生昼夜交替现象。随着教学活动的进行,促进学生科学思维能力的提升。这种激发学生科学思维的形成性评价既有利于学生的自主学习,也是教师教学的策略之一。

（二）总结性评价

本节课的最后环节是拓展应用，通过让学生应用新知解决生活中真实的问题——"北京与乌鲁木齐的小朋友谁先看到日出"，再次提升学生的科学思维能力，进而引发学生进行深度学习。本节课所学的"地球自转及自转方向"成为学生解决问题的新的证据。学生围绕这个问题情境科学地解释这一自然现象，这既是对新知的理解，更是对新知的延伸，这样的总结性评价更能激发学生对地球与宇宙不断探索的兴趣。

九、【案例评析】

本节课的教学设计有以下三点特色。

（一）突出学生在学习中的主体地位

学生是科学学习与发展的主体，教师是学生学习过程的组织者、引导者和促进者。本节课以学生对昼夜交替的前概念为问题导向，引起学生的认知冲突，学生通过"做游戏"修正自己前概念中的错误认知，形成"地球自转能产生昼夜交替现象"的新的认知。由问题引发一系列思维活动，通过活动达成学生的学习目标，这个过程就是在突出学生在学习中的主体地位。

（二）注重学生科学思维能力的提升

本节课注重"做前思、做中学"，基于学生的生活经验与自然科学规律的教学，能更好地提升学生的科学思维能力。本节课以一天中"影子变化的规律"为证据，让学生在自主探究中获取新的知识——地球自转的方向是自西向东，再将新知作为新的理论依据，解释"北京与乌鲁木齐的小朋友谁先看到日出"这一生活现象。这样的问题设计可以不断激发学生的科学思维，让学生的科学思维能力得到新的提升，使学生的逻辑思维更加严谨，促进学生科学素养的养成。

（三）应用模型生成新知

本节课让学生应用模型自主探究昼夜交替的成因和地球自转的方向，通过模拟实验并与生活实际现象进行比较，得出地球自转的方向是自西向东的科学结论。应用模型使抽象的天体教学变得直观生动，"地球"在"太阳"的照射下呈现明显的明暗两部分及晨昏线，这个过程既让学生在教室里体验到宇宙天体的神奇变化，又使学生的思维可视化。应用模型不仅是"地球与宇宙科学"领域中重要的教学方法，还是激发学生对模型产生兴趣，通过研发模型、应用模型更好地解决生活中的实际问题的学习方法。

十、【板书设计】

板书设计如图 3-1-1 所示。

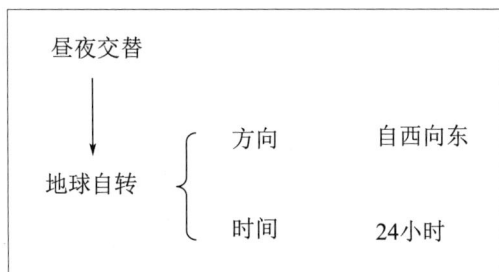

图 3-1-1

设计意图：教学中的板书设计是每个教学环节的高度浓缩，它既是对教学环节的总结，又能帮助学生逐步理解昼夜交替的成因，掌握与突破本节课的重难点。

案例 2：为什么一年有四季

四川省绵阳市江油外国语学校　代静

主题	为什么一年有四季		
教材版本	教育科学出版社	年级	五年级下册
单元	第四单元　地球的运动	课时	第七课时

一、【教材分析】

　　"为什么一年有四季"是教科版五年级下册第四单元"地球的运动"中第七课的内容。通过前几节课的学习，学生对地球的自转和公转已经有了一定的了解，明白昼夜交替是地球自转的结果。本节课通过"立杆测影"的模拟实验，引导学生探究四季的成因。学生在探究中明白四季的形成与太阳的直射和斜射有关，即与太阳的高度有关，纠正四季的形成与地球离太阳的远近有关的错误认识；同时，学生在探究中发现如果地轴不倾斜，地球仪将没有杆影长度的变化，也没有太阳高度的变化，从而明白四季的形成与地轴的倾斜有关。

　　（1）教学重点：模拟地球公转实验，对太阳的直射和斜射情况进行观察。

　　（2）教学难点：引导学生认识温度变化与太阳直射和斜射的关系，结合对地球公转的观察加强对四季成因的认识。

二、【学情分析】

　　相当一部分学生认为地球在公转时，离太阳近就是夏天，离太阳远就是冬天。由此可见，学生对教材内容在认识上存在"半空白"现象，难以找到已有知识的支持。

　　要与学生的认知及已有知识建立起联系，从学生的已有知识出发，一步步地实施教学，是本节课成功的关键。

第三章　地球与宇宙科学

97

三、【教学目标】

（1）科学知识：理解四季的成因。

（2）科学探究：能根据地球公转的特征做"立杆测影"的实验，发现地球仪上杆影长度的变化规律，从而分析四季的成因；能从杆影长度变化的原因中推想出四季的形成与地轴的倾斜有关。

（3）科学态度：意识到对科学现象的解释需要得到证据的支持和从已有知识出发进行推理；在活动中培养小组合作精神，分享与他人合作学习的快乐。

（4）科学、技术、社会与环境：体会到科技的发展不断更新着人们对世界的认识。

四、【教学方法】

本节课主要采用启发式教学法，并在整个教学过程中穿插直观演示法、模拟实验法等，为学生提供充分的探究式学习的机会，让他们在做中学、在学中思、在思中明，在合作与探究中逐步提高科学素养。

将现有的三球仪改进成观测仪作为本节课模拟实验的主要器材，观测仪可以比较真实地模拟地球围绕太阳公转的场景，很好地解决了在转动过程中地轴始终倾斜指向北极星这个问题，它是本实验成功的关键。

为了达到较好的实验效果，我进行了如下改进。

（1）使用强光手电筒，白天教学时的效果也很好。

（2）巧妙运用等距同心圆测量杆影长度，学生在测量时更容易操作。

五、【学法指导】

在本节课中，探究式学习始终贯彻全过程。在教师的启发下，学生主动参与到学习中，积极思考，能根据已有知识进行假设和思辨，从中找到有价值的问题并进行研究；在教师的引导下，学生能选取适合本节课的模拟实验法，能用身边的材料进行模拟实验，运用类比的方法分析收集到的实验数据，用比较准确的科学语言表达实验发现。总之，学生在科学探究中达成共识，并随着新证据的增加不断完善和加深认识，培养终身学习的意识。

六、【教学手段】

本节课的教学手段如下：利用 PPT 创设情境，引入本节课研究的主题；在谈话的过程中，以问题为导向引导学生层层思考；从学生的已有知识出发搭建认知平台；引导学生推理，深入探究；利用观测仪充分调动学生探究的兴趣，利用等距同心圆更新学生的传统测量方法，培养学生的创新意识；利用板书设计（见图 3-2-1），帮助学生抓住本节课的主线，厘清思路。

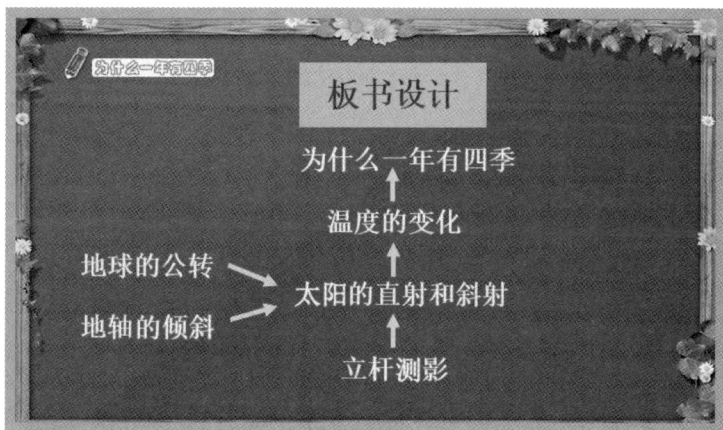

图 3-2-1

（通过板书一步步引导学生梳理四季的成因，条理清楚，易于学生理解和记忆。）

七、【教学过程设计】

（一）情境引入，合理推想

（1）以四季风景图片（见图 3-2-2）资料引入。

教师：为什么一年有四季？是什么让季节有规律地变化？四个季节有规律地出现所用的时间是多少呢？

学生：自主推想四季的成因。（地球自转、地球公转、地球离太阳的远近⋯⋯）

此环节引导学生发现四季之中最大的不同就是温度的变化，夏季温度高，冬季温度低，而四个季节有规律地出现所用的时间是一年。教师适时板书。

设计意图： 引导学生找到猜测成因的突破口，而不是盲目猜测。

图 3-2-2

（2）初步分析推想，排除不合理的推想。

教师：能说说你们猜测的理由吗？

学生：

①地球自转一周是 24 小时，时间上与四季的形成不对应。

②地球公转一周约 365 天，为一年，与四季的形成较对应，因此肯定与地球的公转有关。

③冬天烤火时近一点暖和，远一点就没那么暖和，同理，温度的变化（四季的形成）肯定与地球离太阳的远近有关。

设计意图：让学生自己分析，排除不合理的推想，引导学生在猜测时要有根据，不能凭空想象，学会分析，缩小研究范围，确定有价值的问题后再进行研究。

（二）分析推想，确定研究的问题

通过前期调查发现学生对于四季的成因主要存在两种观点。

（1）观点一：地球离太阳的远近（见图 3-2-3）。

教师：研究这个观点时有什么困难？

学生：没有测量的工具。

设计意图：这一观点不适合学生进行研究，因此教师可用 PPT 出示科学家的测算结果，帮助学生了解地球离太阳的远近与温度的变化的相关性，以弥补学生已有知识的不足。

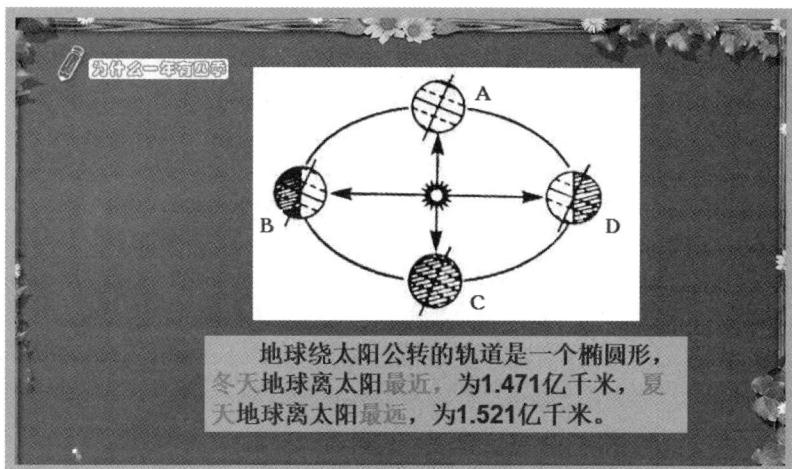

图 3-2-3

（2）观点二：地球的公转。

教师用 PPT 回忆一天中太阳高度的变化与温度的变化的关系，引导学生归纳出一天中太阳高度的变化与物体影子变化的关系（见图 3-2-4）：清晨、傍晚太阳斜射地球，影子长、温度低；中午太阳直射地球，影子短、温度高。

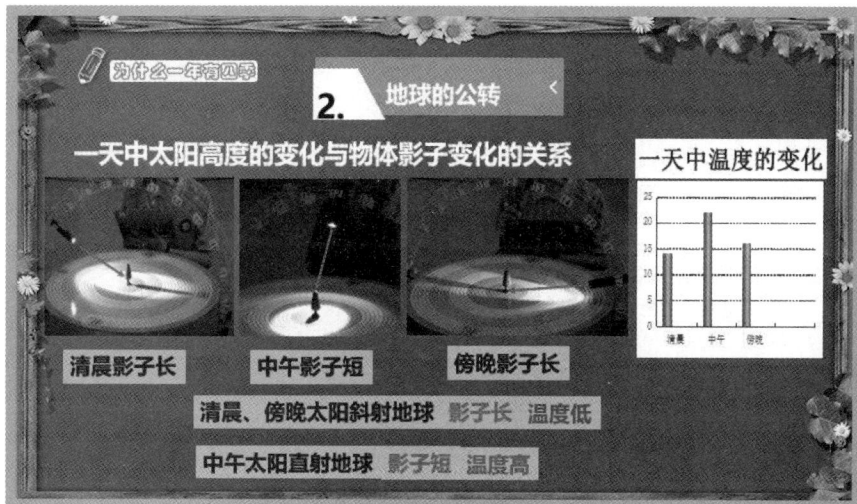

图 3-2-4

教师：地球在公转过程中会出现太阳直射和斜射现象吗？（确定研究的问题）

设计意图：引导学生将新知识与已有知识进行联系，为学生理解四季成因的过程搭建一个"中介平台"，这样更符合学生的认知规律，更容易被学生接受和理解。

（三）设计实验

教师：我们怎样验证这个推想呢？

（1）介绍古人的"立杆测影"实验（见图3-2-5）。通过阅读PPT了解古人的研究，感受祖先的智慧。

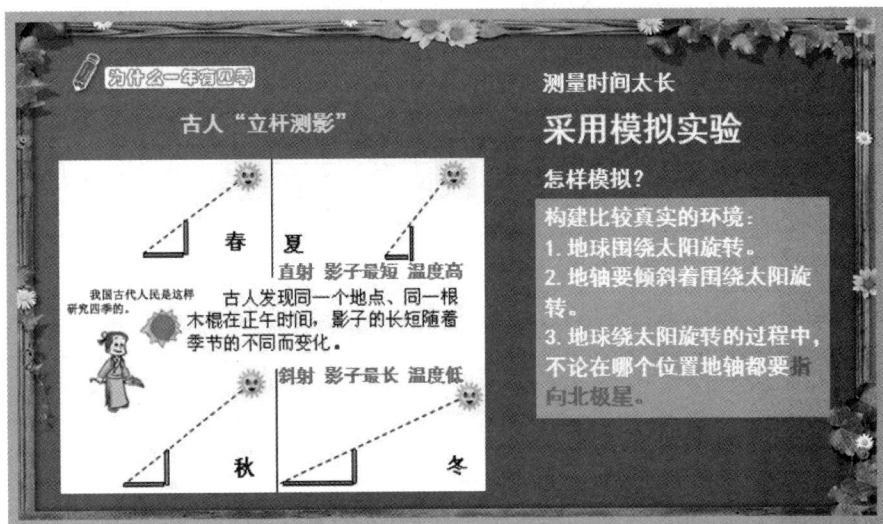

图 3-2-5

①引导学生总结：夏季太阳直射地球，影子短、温度高；冬季太阳斜射地球，影子长、温度低。

②教师：我们为什么不能用古人的方法？

学生：测量时间太长。

③教师：我们可以用什么科学方法来测量呢？

学生：采用模拟实验。

④教师：模拟实验需要注意哪些问题？（引导学生自己找出来）

（2）确定实验方法。

①引导学生找出做模拟实验的材料。

②推荐模拟实验所用的器材（见图3-2-6和图3-2-7）。

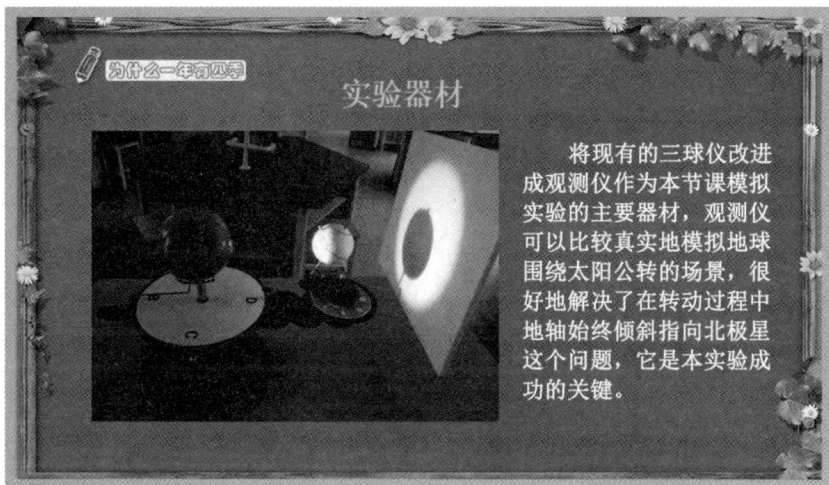

图 3-2-6

图 3-2-7

（该器材在使用过程中，地轴自动倾斜指向北极星，学生读数时可以直接数格数，杆影长短以相等的格数表示，操作简单，可以节约时间。）

（四）验证推想

（1）演示实验，教师强调实验注意事项（见图 3-2-8）。

（2）学生分组模拟实验（见图 3-2-9），教师巡视。

（在此要给予学生充分的时间，反复实验，收集并记录数据。）

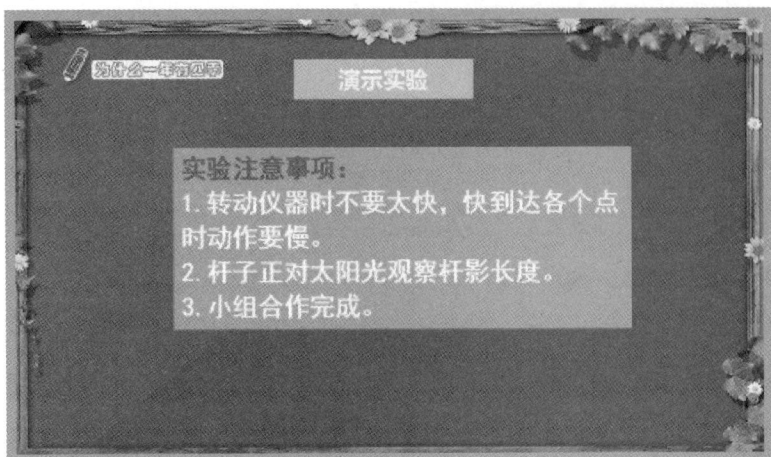

图 3-2-8

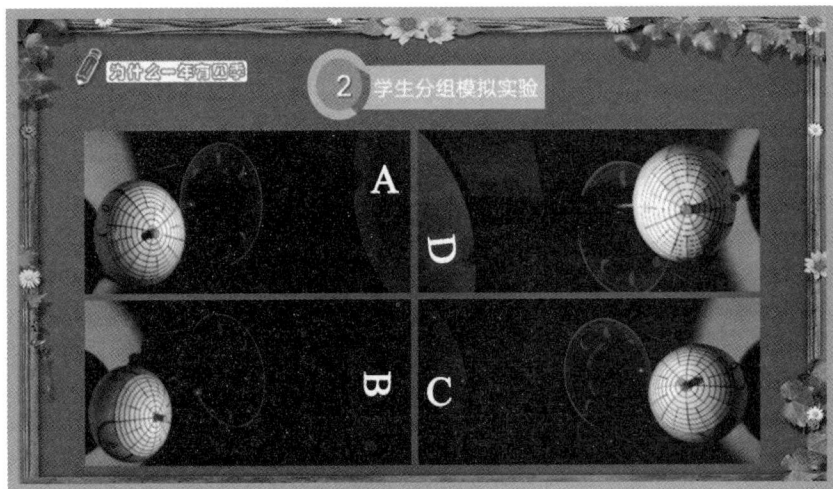

图 3-2-9

（3）汇报、分析数据（见图 3-2-10）。

①学生汇报数据及四个点的季节情况。

②教师：你们是根据什么判断各个点的季节的？

学生：太阳直射地球影子短、温度高；太阳斜射地球影子长、温度低。

③教师：你们能分析一下为什么一年有四季吗？

学生：地球在公转过程中，出现了太阳直射和斜射现象，从而形成了四季。

图 3-2-10

设计意图：数据汇总环节再次证明收集数据的重要性，潜移默化地培养学生收集数据的好习惯，引导学生树立要得出结论必须有理有据的意识，培养学生严谨科学的态度。

④教师再次质疑：地球公转时地轴始终倾斜，如果地轴不倾斜会怎样呢？

学生：……

（4）演示地轴不倾斜实验（见图3-2-11）。

教师：演示实验。

学生：观察现象。

教师：四个点杆影长短怎样？

学生：一样长。

教师：那刚刚的结论对吗？该怎样修改？

学生：地球在公转过程中，地轴始终倾斜指向北极星，出现太阳直射和斜射现象，从而形成了四季。

设计意图：前后两次实验的鲜明对比，让学生意识到随着新证据的增加，自己要不断修正和完善所学知识，让自己的结论更具有科学性，从而培养学生严谨科学的态度。

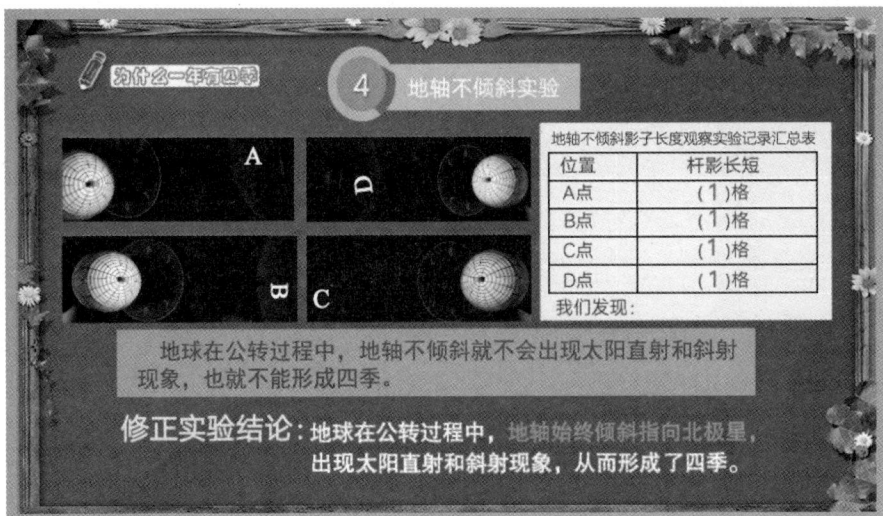

图 3-2-11

（五）课后延伸

教师：如果在南半球做"立杆测影"实验（见图3-2-12），会出现什么情况呢？

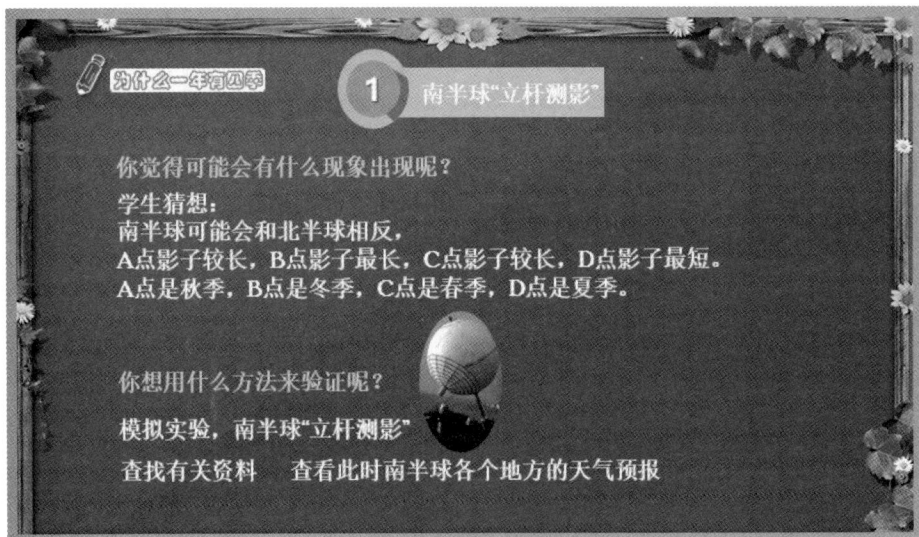

图 3-2-12

设计意图： 此环节的设计是对所学知识的延伸，让学生学会分析类推，养成主动学习的好习惯，同时给学生更广阔的探究空间，寻求多种方法解决问题，对学生科学素养的提高起到促进作用。

八、【教学设计特色】

（1）教师的引导具有定向性，可以防止学生的思维过于发散，尽量让学生自己提出有价值的问题，提高教学效率。

（2）引导学生对推想进行质疑，寻找更有价值的问题进行研究。

（3）从学生的已有知识出发，为学生理解四季成因的过程搭建一个"中介平台"，这样更符合学生的认知规律，更容易被学生接受和理解。

（4）实验器材改进的优势有以下几点。

①使用强光手电筒，即使白天观察的效果也很明显，而且充电也很方便、安全。

②学生自制观测仪，可以加深其对地球几大特征（赤道、北极圈、南极圈）的理解和记忆，同时提高学生的学习兴趣。

③在地球仪上贴上自制的等距同心圆，将杆子立在圆心上，这样可以方便学生测出影子的长短（以前要用软尺测量，由于地球仪比较小，又是一个球体，学生课上手工测量耗时比较长，且数据不够准确；现在学生只需要数格数就可以，操作简单，数据的准确性又高，可多次观测，学生的参与度也高）。

④地球仪在转动的过程中，地轴自动倾斜指向北极星，降低了实验难度，提高了实验的准确性。

⑤在加装的挡板上可以清晰地看到地球的整个影子，从而提高观测的准确性。

九、【授课预期效果】

通过教师的层层引导，学生纠正了前期对四季成因的片面性和错误性认识，对四季的成因有了一个整体的认识，分析更具科学性。学生在科学探究的过程中，体验了科学家是如何探究科学、如何发现并获取科学知识的，从而渐渐地掌握了科学探究的方法，培养了科学态度、科学精神和科学价值观。

十、【课后反思】

在教学过程中，教师启发式的提问要有定向性，语言要精准，只有这样才能帮助学生找到有价值的问题进行研究，提高课堂学习效率。在模拟实验环节，实验器材的改进方便了学生的操作，大大提高了实验的准确性，节约了时间，学生可多次实验并进行验证。

地轴倾斜影子长度观察实验记录表（学生用表）和地轴倾斜影子长度观察实验记录汇总表（教师用表）分别如表3-2-1和如表3-2-2所示，地轴不倾斜影子长度观察实验记录汇总表（教师用表）如表3-2-3所示。

表3-2-1　地轴倾斜影子长度观察实验记录表（学生用表）

学校		年级		班级	
组别		记录员		时间	

位置	杆影长短		
	第一次	第二次	平均
A 点			
B 点			
C 点			
D 点			

影子最短的是（　　　）点，影子最长的是（　　　）点。

A 点是（　　　）季，B 点是（　　　）季；

C 点是（　　　）季，D 点是（　　　）季。

表3-2-2　地轴倾斜影子长度观察实验记录汇总表（教师用表）

小组	杆影最短	杆影最长
1组	A　　B　　C　　D	A　　B　　C　　D
2组	A　　B　　C　　D	A　　B　　C　　D
3组	A　　B　　C　　D	A　　B　　C　　D
4组	A　　B　　C　　D	A　　B　　C　　D
5组	A　　B　　C　　D	A　　B　　C　　D
6组	A　　B　　C　　D	A　　B　　C　　D
7组	A　　B　　C　　D	A　　B　　C　　D
8组	A　　B　　C　　D	A　　B　　C　　D
9组	A　　B　　C　　D	A　　B　　C　　D
10组	A　　B　　C　　D	A　　B　　C　　D

A 点是（　　　）季，B 点是（　　　）季；

C 点是（　　　）季，D 点是（　　　）季。

表 3-2-3　地轴不倾斜影子长度观察实验记录汇总表（教师用表）

位置	杆影长短
A 点	（　　）格
B 点	（　　）格
C 点	（　　）格
D 点	（　　）格

我们发现：

案例 3：地球的形状

江苏省江阴市青阳实验小学　　胡林

江苏省无锡市教育科学研究院　　季荣臻

主题	地球的形状		
教材版本	江苏凤凰教育出版社	年级	六年级上册
单元	第二单元　我们的地球	课时	第一课时

一、【课标内容】

13. 在太阳系中，地球、月球和其他星球有规律地运动着。

13.4　太阳系是人类已经探测到的宇宙中很小的一部分，地球是太阳系中的一颗行星。

五至六年级　描述月球、地球和太阳的相对大小和相对运动方式；了解人类对宇宙的探索历史，关注我国及世界空间技术的最新发展。

二、【教学目标】

（1）科学知识：理解人们探究地球形状经历了一个漫长而曲折的过程；了解地球的形状和大小；了解不同时期人们对地球形状进行的不同的猜想。

（2）科学探究：学会科学读图的方法和策略；体会探究方法的不同影响着探究结果的不同；明白正确的探究结果具有可重复验证性。

（3）科学态度：体会到科学探究中运用想象建立假设及解释的重要性；感受到得出科学结论要经历一个不断修正、不断完善的过程；认识到科学是变化发展的。

（4）科学、技术、社会与环境：意识到随着科学的进步和技术的发展，人们对地球形状的可视能力越来越强、认识越来越精准，并且认识到地球的形状是变化发展着的状态。

三、【学情分析】

对于六年级的学生而言，他们对有关地球形状的认识已经有了大体的了解，知道地球是一个近似球体，但对"地球是一个近似球体"这一结论的探究过程较为模糊。通过本节课的学习，教师不仅要让学生知道"地球是一个球体"，而且要让学生明白为了得出"地球是一个球体"这一结论，人们所做的一切努力，了解人们对地球形状的猜想、探究经历了一个漫长而曲折的过程，由此感受到科学探究是一项复杂而艰辛的工作，科学家们可能为此付出自己的一生。

在不同时期，由于科学技术和认知水平的限制，人们对地球形状的猜想及其依据是不同的。六年级的学生要分析和理解不同时期科学家的想法，需要具有一定的思维能力和理解能力，教师要尽可能化抽象为具体，让学生在操作和观察中领悟不同的猜想和相应的依据。只有这样，学生才能了解人们对地球形状的研究和认识过程，在感受科学结论的同时理解科学的魅力、科学的强大。

四、【教学重点与难点】

（1）教学重点：通过阅读、分析来理解人们探究地球形状经历了一个漫长而曲折的过程；在多种方法的指导下，培养学生科学读图的能力。

（2）教学难点：比较和观察船体在平面表面、拱形表面上航行的差异；在交流中体会探究方法不同，探究结果也不同。

五、【设计理念】

（一）教学内容

"地球的形状"是苏教版六年级上册第二单元"我们的地球"的起始课。在本节课中，教材首先介绍了"古代人对地球形状的猜想、探索与实践"，在这个环节，教师应组织学生思考："古代人探究地球形状的主要观点是什么？每个观点的依据是什么？能借助合适的实验模拟和重现所提出的依据吗？"然后，组织学生在现代科学技术的支持下，观察地球及其形状。通观本节课的教材，涉及对地球形状探究的科学史的回顾和分析，教师更要运用恰当的探究方法让学生感知和理解每个观点，因此本节课的学习难度大，教学难度也大。

（二）教学方法

我们用思辨、类比的思想方法帮助学生理解图片和文字并进行科学阅读。从教材来看，这是一节科学阅读课。但是在设计教学内容和实际教学过程中，我们发现让学生在科学阅读中理解图片和文字，肯定要为其提供阅读的支架和载体。例如，在理解"天圆地方说"时，可以以身边笔直的马路、广阔的草原为例让学生感受地是平的，用类比的思想方法、人们的感受等建构"天圆地方说"的概念和由来；在理解亚里士多德关于月相的特点和地球形状的结论的推导过程时，可以用恰当的模拟对比实验，让学生理解亚里士多德的发现；还可以让小组模拟帆船进出港的特点，让学生感受和思考海边人们的所见所想。

六、【教学准备】

（1）教具：PPT。

（2）学具：地球仪、纸质小船、长方体、圆球体、手电筒、拱形纸板、学生实验记录单等。

七、【教学过程设计】

（一）导入

（1）讨论。（实际教学中附图讲解）

同学们，想要知道一片叶子的形状，可以用什么方法？——观察（近距离）。

同学们，想要知道一棵大树的形状，可以用什么方法？——观察（远距离）。

同学们，想要知道我们学校的形状，可以用什么方法？——观察（更远距离）。

……

思考：你们发现了什么？

（2）小结：物体越大，要离得越远，才能看清物体的形状；物体越小，要离得越近，才能看清物体的形状。（发现规律）

（3）过渡：那么，观察江阴长江大桥呢？江阴市呢？江苏省呢？中国呢？整个地球呢？（揭示主题）

设计意图：学习科学，引导学生从方法入手，从宏观的层面架构支架，使个体知识在其中自然形成。观察物体的远近是由物体的大小决定的，当学生发现这一规律时，他们自然就理解了探究地球形状的方法。

（二）新授

1. 现代人对地球形状的研究和认识

（1）讨论。

教师：在实际生活中，人们是利用什么手段到达那么遥远的太空拍摄地球的画面的呢？

学生：利用人造卫星观察地球。

教师：现代科技带领我们走进认识地球的新时代，那么，现代人是怎样逐步探究地球形状的呢？

（2）结合PPT了解现代人认识地球形状的大致过程。

（3）通过精密观察，发现地球是一个椭球体。

总结：现代人不仅拍摄到了地球的图片和视频，知道地球是一个球体，还借助高科技设备和工具对地球的各个数据进行了测量和计算，得知地球是一个椭球体。现在，老师将这些数据进行了缩小，制成了地球模型（地球仪），为大家认识地球提供方便。（实际教学中附图讲解）

设计意图：这里用倒序的手法和视频学习的方式，向学生展示现代人对地球形状的探究方法、过程、收获，让人叹为观止。直观的画面、全方位的介绍、数字化的表述，无不让学生感受到现代航天技术的骄人魅力，从而激发学生科学学习的兴趣，感叹探究宇宙的伟大和艰辛。

2. 古代人对地球形状的研究和认识

过渡：现代人真了不起，探究出关于地球形状的那么多知识和成果。可你们知道吗？在人们"飞出"地球之前，就已经知道地球的形状了。那么，古代人是怎样逐步认识地球形状的呢？

（1）通过阅读教材第14～15页，了解古代人对地球形状的探究。

（2）交流。

1）第一阶段：凭直觉和经验感知平坦大地

（1）讨论。

教师：最初的时候，人们是怎么描述地球形状的？

学生介绍，教师结合PPT进行补充。

（2）分析。

教师：你们理解"天圆地方说"吗？你们生活在地球上也有十几年了，你们感受过"天圆地方"吗？

教师：我们还是从观察生活现象入手来感受吧！你们观察过笔直的马路吗？观察过广阔的草原吗？你们觉得它们是平的还是弯的？（实际教学中附图讲解）

学生：平的。

（3）小结：对于"天圆地方说""象龟说"，有没有具体的物体可以研究？这个结论是如何得来的？（直觉和经验）

设计意图：对于"天圆地方说""象龟说"，学生仅理解其表面含义，教师唯有设身处地站在学生的立场，从身边的事物、现象入手分析，才能使学生理解古代人对地球的认识。在交流过程中，教师应引导学生站在当时的社会和文化立场尊重人们的探究，感受当时的科学背景。这是科学读图的一种方法。

2）第二阶段：推测地球是一个球体

过渡：这只是人们最初的认识，之后人们继续进行观察和研究，提出了什么新观点呢？

（1）交流、分析亚里士多德根据月相的特点推测地球表面是圆弧形的。教师结合PPT、三球仪进行解释。

（2）模拟对比实验：打开手电筒，将其照在黑板上，先后将长方体、圆球体放入手电光圈中，观察影子的特点，对比发现亚里士多德的结论。

（3）小结：之前人们根据直觉和经验得出平坦大地的结论，这一阶段人们是靠什么提出地球是一个球体的呢？

总结：地球是一个球体，虽然这一结论现在看来是正确的，但在当时并没有被大众认可。关于这个事件，你们有什么感想？

设计意图：亚里士多德根据月相的特点推测地球表面是圆弧形的，为了探其究竟，可以分两步走。第一步，认识"月相的特点"。对于这一认识，学生难以理解，只有少数学生能够从图片中发现这个规律。第二步，理解"月相的特点"。教师借用模拟对比实验的方法，在模拟情境中动态生成某一现象，使学生豁然开朗，柳暗花明。这也是科学读图的一种方法。

3. **近代人对地球形状的研究和认识**

1）第一阶段：感知地球是拱形的

过渡：曲折迂回的经过并没有让人们停止对地球形状的探究，后来人们继续观察，又有了新的发现。

（1）交流帆船进出港的特点，进行猜想。（实际教学中附图讲解）

（2）模拟实验：进行帆船进出港实验，探究地球的形状。

通过模拟实验进行探究和体验：实验操作方法交流；实验注意事项交流；学生分组实验；实验结果交流。

（3）小结：随着人们活动范围的扩大、视野的开阔，航海已经是平常事，人们对于地球形状的探究不断进步了。（实际教学中附图讲解）

（4）（古诗：孤帆远影碧空尽，唯见长江天际流）在解释中，感受地球的形状。

设计意图：教材图片的出示意图与学生的理解存在一定的差距，教师通过模拟真实的情境，展现真实的帆船行驶过程，帮助学生利用科学的观察方法发现规律，进而体会人们对地球形状的认识和感悟。科学读图，具体情况，具体分析。

2）第二阶段：实践证明地球是一个球体

过渡：在人们越来越相信地球是一个球体的情况下，终于发生了一件伟大的壮举，是什么事情呢？

教师出示麦哲伦环球航行的图片。

讨论：这一阶段与前面相比，其探究方法又有什么不同？

总结：这一阶段的人们用实践证明了猜测——地球是一个球体。那么，地球是一个怎样的球体呢？这为科学家后来的研究埋下了伏笔。

设计意图：麦哲伦的环球航行证明了地球是一个球体，学生感受到了科学家科学无畏的精神。教师在教学中更多的是一种科学史教育，一种科学精神的诠释，唤起学生对科学研究的敬佩之情。科学情感的升华在这个环节尤为突出，学生了解到科学家科学探究过程的艰辛和对科学信念的执着。

（三）总结全课

教师：从人们对地球形状的探究过程中，你们感受到了什么？

学生：

（1）人们探究自然百折不挠、永不退缩、永不放弃的科学精神值得我们学习。

（2）人们探究地球形状的过程是一个漫长而曲折的认知过程，任何科学探究都要经历一个循序渐进的过程。

（3）人们从古至今认识地球形状的历程是一个不断完善的探究过程（主观猜想—观察现象—有根据的猜测—实践论证—用工具精密测量和计算）。

（4）结合每步进行分析，体会到探究方法的不同影响着探究结果的不同。

（5）眼睛的分辨能力有限，看到的未必正确。

（6）人们的认识方式由间接法（根据月亮、船只来推断）向直接法（在太空中直接观察）转变。

（7）人类社会要正常发展，必须学会理解和尊重科学精神。

（8）人类的文化和科学技术在不断进步。

（9）这实际上就是一个细致观察、善于提问、勤于思考的过程。

（10）人们对地球形状的探究是一个认知过程，从主观到客观，从大概到精确，是不断修正、不断完善的过程。其实，科学中的每个结论都要经历一个漫长的探究过程。

（11）要读懂科学图片，要深入思考，要用恰当的方法证实和研究科学结论，只有这样才能明晰本质，解决问题。

设计意图： 在总结全课时，教师不仅要梳理并提炼本节课的学习重点——人们对地球形状的探究过程，更重要的是帮助学生利用对地球形状的认识解决科学问题，从中感受到任何科学知识的获得都要经历长期的修正过程，逐步建立科学的世界观和发展观。

（四）拓展延伸

讨论：今天的你们，已经饱览了人们对地球形状探究的成果，而"素颜地球"的观点，你们听过吗？你们怎么看呢？（实际教学中附视频"科技瞭望"讲解）

总结：地球在不停改变，人们必将一直处于对地球形状的探究中，未来也将继续。

设计意图： 这个环节旨在突出人们对地球形状的探究没有停止，因为地球的形状本身不是一成不变的，让学生感受到大自然中的物体是运动的、变化的、发展的，要用一种开放的、持续的、发展的眼光看问题。课堂不是研究的终点，可能只是起点。

八、【评价设计】

教学评价具有诊断和导向功能，教师应对相应的教学环节进行分析和评判，从而使教学方向和教学目标保持一致。教学评价对教学过程有监督和控制作用，对教师和学生则有促进和强化作用，它可反映出教师的教学效果和学生的学习状况。为此，教师应坚持评价时机的全程化、评价方式的多元化。

（一）评价时机的全程化

在阶段性地梳理完人们对地球形状的探究成果后，教师始终在追问中唤起学生的思考，用一连串的问题引导学生进行自我评价，深入思考。这样的评价方式使学生"战战告捷"，为学生理解地球形状的探究过程、探究方法和人们的认知水平奠定了基础，埋下了伏笔。整节课非常重视教学评价的不间断性，将教学评价架构在各环节中，始终激发学生的学习欲望和持续学习的兴趣，达到了很好的效果。

（二）评价方式的多元化

第一，教师评价。在本节课中，学生在理解人们对地球形状的探究过程时，思考难度比较大，教师应在教学过程中通过对话和提问的方式进行反馈和评价，鼓励学生思考。第二，生生互评。在阅读和交流时，教师应重视生生之间的评价，使学生的认知在思辨中补充和完善。例如，在研究帆船进出港的特点时，教师询问学生看到了什么现象并分析这一现象。各组学生"争奇斗艳"，你发表我补充，你说一我说二，将其发现阐述得淋漓尽致。在随后的分组模拟实验环节，更是展现了生生合作评价的功效，将问题剖析得透彻、明了。

九、【案例评析】

（一）重视学生科学读图能力的培养

科学读图能力，既是学生学会阅读科学书的必备技能，也是学生科学学习的基本技能，更是教师把握教材、领会精神、备好科学课的必备技能，还是教师的教学基本功。因此，在本节课中，学生科学读图能力的培养是至关重要的。首先，学生对这个内容的科学史的认识不够，需要教师进行适时的引导，帮助学生理解图片的含义。其次，每张图片的意图和功能不同，学生在阅读科学书时，不能客观地把握和掌控，需要教师用适当的方法破解，从而帮助学生理解图片的内涵。

（二）重视学生科学思维能力的培养

在导入环节，通过让学生观察校园松树叶子、整棵松树、整个学校，引导学生发现规律，培养学生的科学思维能力，并将这个规律运用到对地球形状的研究上。学生在演绎推理的过程中发现研究物体的规律，完善认知架构，其思维的广度得以开阔、解决问题的能力得以提升。

（三）重视引导学生理解"社会发展水平与人的科学素养相适应"的原则

不同时期人们对地球形状的认识是不同的，如低级的和高级的、主观臆想的和有客观依据的、片面的和全面的。为什么有这样或那样的认识呢？教师要引导学生探究具体认识的社会背景，对其原因进行思考，使学生明白不同时期人们的认识不同与当时的社会背景息息相关。只有这样，学生才能客观地对待和分析不同时期人们对地球形状的认识，才会尊重不同时期人们的认识，明白这都是人们研究的具体表现，都值得我们学习。

十、【板书设计】

板书设计如表 3-3-1 所示。

表 3-3-1

猜想/依据	方法	结论
天圆地方说 象龟说	直觉、经验	地球是平坦的
日月星辰的变化 张衡、亚里士多德	观察、猜测	地球是一个球体
帆船进出港现象分析		地球是拱形的
麦哲伦环球航行	实践验证	地球是一个球体
高科技（航天技术等）	精密观察	地球是一个椭球体

设计意图：将人们对地球形状探究的具体依据、探究方法、主要观点用表格的形式在教学过程中进行自然和可视化的呈现，使学生直观、明了地理解这个探究过程。而且可以综合观察这三个不同时期之间相互依存、相互影响的内在逻辑，为学生全方位理解、整体架构奠定基础。

十一、【学生实验记录单】

学生实验记录单如表 3-3-2 所示。

表 3-3-2

模拟帆船进出港实验，研究地球的形状	
帆船在拱形纸板上航行，我们小组发现	
帆船在平面上航行，我们小组发现	
比较两次航行的不同	
通过模拟帆船进出港实验，我们认识到地球的形状是：_____	

十二、【教学评价设计】

1. 判断题

（1）每个科学结论都是科研人员不间断地、一次性地研究得出的。　　（　　）

（2）从人们探究地球形状的整个过程来看，科学探究是艰辛的、漫长的、有危险的。　　　　　　　　　　　　　　　　　　　　　　　　　（　　）

（3）科学结论来之不易，我们只要记住就行了。　　　　　　　（　　）

（4）观察生活现象与科学没有多大的关系。　　　　　　　　（　　）

（5）"天圆地方说""象龟说"是低级的、可笑的、不被尊重和认可的。（　　）

2. 连线题

对地球形状的认识	采用了什么方法	研究了什么物体
地球是球形的	亲身实践	环球航行
推测地球是一个球体或近似球体	观察、分析	月相
精确认识地球的形状	直觉、信仰	没有任何物体
"天圆地方说""象龟说"等	航天技术等高科技	帆船
猜测地球是圆弧形的	推理、测量、计算	航天工具
地球是一个扁球体	观察、猜测	科学公式

3. 从人们探究地球形状的整个过程来看，请说说科学探究过程的特点是什么？

案例 4：在星空中（一）

深圳市龙华区振能学校　黄彩梅

主题	在星空中（一）		
教材版本	教育科学出版社	年级	六年级下册
单元	第三单元　宇宙	课时	第一课时

一、【课标内容】

13. 在太阳系中，地球、月球和其他星球有规律地运动着。

13.4　太阳系是人类已经探测到的宇宙中很小的一部分，地球是太阳系中的一颗行星。

五至六年级　知道大熊座、猎户座等主要星座，学习利用北极星辨认方向。

二、【教学目标】

（1）科学知识：知道星座是远近不同、没有联系的恒星在天空中的视觉图像，从不同的角度观察，视觉图像也不同；了解北斗七星是大熊座的主要标志，利用北斗七星可以找到北极星。

（2）科学探究：制作星座模型，对模型进行合理修改、推理并做出解释。

（3）科学态度：经历多个"否定之否定"的思维过程，认识到科学建构模型对学习天文的重要性。

（4）科学、技术、社会与环境：培养对天文方面的兴趣，体验科技（星图软件）发展为观察星座带来的便利。

三、【学情分析】

对六年级的学生来说,本节课的学习是非常困难的,原因有两个。第一,本节课介绍了"星座是远近不同、没有联系的恒星在天空中的视觉图像"这一重要概念,这实际上是对星座模型的学习。虽然通过前一节课——太阳系模型的建构,学生已初步接触建构立体模型的知识,但与学习本节课应具备的知识储备相去甚远。所以,教师必须准备丰富且具有良好结构性的相关数据,以供学生将思维从平面过渡到立体,帮助学生对"从不同的角度观察,视觉图像也不同"加以理解和评析。第二,对北斗七星的学习涉及七颗星体空间位置的建模活动,这就要求学生有较强的空间想象能力。而实际上六年级的学生的空间想象能力较弱,这就需要教师采用多种教学方法(建构模型法、发现教学法、实验教学法、直观演示法、问题情境教学法等)逐步引导学生建构立体模型,降低学生对星体空间建模的难度。

四、【教学重点与难点】

(1)教学重点:知道星座是远近不同、没有联系的恒星在天空中的视觉图像。

(2)教学难点:制作星座模型,对模型进行合理修改、推理并做出解释。

五、【设计理念】

(一)教学内容

"在星空中(一)"是教科版六年级下册第三单元"宇宙"的其中一课,教材呈现三部分内容:第一部分是了解星座,通过星空图引出星座概念,帮助学生建立对星座的初始印象;第二部分是制作星座模型,引导学生通过悬挂法建构北斗七星的立体模型,进而对模型进行推理并做出解释;第三部分是认识星座,引导学生认识大熊座和小熊座,并能通过北斗七星找到北极星。

然而通观全文,模型为什么要这么建?纸孔的点有什么科学性?均无交代。考虑到这样的课堂仅仅是"热闹"了一下,学生的学习只停留在浅层阶段,为了调动学生对本节课的深度学习兴趣,我把信息、数学等学科糅合进课堂,以培养学生的建模思维为主线,聚焦教学活动及六年级的学生心智发育的程度,将思维可视化,把科学与信息、数学等多学科进行融合，并于2019年5月在深圳市龙华区名师工作室暨区级教研课中执教展示。

（二）教学方法

科学新课标指出："教师应指导学生，通过对太阳和月球等天体的观察，学习实地观察和观测的方法，初步认识一日内太阳在天空中位置变化的规律；通过模拟实验和建构模型等方法，了解由于地球的自转和公转运动产生的昼夜交替、四季变化等自然现象和规律。"本节课以"斗"的形状导入，引导学生在白板上摆出北斗七星，之后引出每两颗星之间的距离，对模型科学地进行调整，发现问题；通过集体讨论，找到解决方法，将平面建模过渡到立体建模，这点非常重要，这对学生来说是非常困难的。学生经历"初步建模—调整—发现问题—再调整—验证"的过程，突破本节课的教学重点"知道星座是远近不同、没有联系的恒星在天空中的视觉图像"这一概念教学。同时，我将充分利用多媒体教学软件，借助投影、微视频、实物缩影、同屏等教学手段，使学生在亲身参与星座的制作、修改、推理等实践中，深化对星座的认识；通过利用星图软件，使学生认识大熊座、小熊座等，实现"不用抬头，便可看见繁星点点"的美好愿景。

六、【教学准备】

（1）教具：PPT、贴纸、数字彩色磁铁。

（2）学具：直尺、坐标纸、学生实验记录单、橡皮泥小球、竹签、手电筒、橡皮泥板、白板和磁铁。

七、【教学过程设计】

总体思路： 本节课以培养学生的建模思维为主线，将北斗七星的模型创新性地从立体模型的三维坐标（X,Y,Z）转换为"在平面的基础上增加高度来实现"，符合六年级的学生的认知规律，调动学生对立体模型的深度学习兴趣。

全课以学生的位置为起点，引出北斗七星的概念，使学生初步认识北斗七星。之后，鼓励学生在白板上摆出北斗七星，引出科学的数据（每两颗星之间的距离），对模型进行调整。小组调整后发现无论如何都摆不出北斗七星，学生们有点沮丧。

这时，教师引导学生将数学中比例尺的内容运用到此处，进而将本节课逐步推入建模的核心环节——建构北斗七星的立体模型。本节课用橡皮泥小球代表星星，用竹签的高度实现七颗星的高度，将松软的橡皮泥当作底座，初步建构了北斗七星的立体模型，在"地球点"上，学生们终于找到了"斗"，模型成功了！一环扣一环的教学设计，让学生亲身经历一次完整的建模思维并不断完善，这是一个非常有意义的过程。

（一）游戏导入，初识北斗

（1）游戏规则：指定一个学生为起点，请说出七个学生的位置，用"往左走几步，往前走几步"来表达。

（2）提问：这七个学生连起来，像什么形状呢？（学生：北斗七星）

（3）谈话：（出示星空图）这七颗星连起来像古代的一种工具——斗，它常常出现在北天星空中，固称为北斗七星。前面三颗星称为斗柄，后面四颗星称为斗口。

设计意图：聚焦课题，激发学生学习北斗七星的兴趣，同时为之后的立体建模奠定基础。每颗星的编号很重要，它可以帮助学生理解每颗星的位置，这对于帮助学生摆"斗"是有帮助的。

（二）模型初探，眼见非实

（1）摆一摆：组织学生在白板上摆出北斗七星，摆好后，把白板立在桌面上，如图 3-4-1 所示。

图 3-4-1

设计意图： 加深学生对北斗七星的认识是本节课学习的基础。通过在白板上摆一摆，北斗七星"斗"的形状便在学生的心中留下了深刻的印象。

（2）引导学生思考：怎样摆可以更科学？

教师根据学生的回答板书。

在学生回答的过程中，教师适时出示按比例缩小后的北斗七星模型各星之间的距离图，组织学生"依次"调整每颗星之间的距离。

（3）调一调：组织学生根据这些数据，从一号星开始，依次调整各星之间的距离，注意保持"斗"的形状。

设计意图： 学生经过动手操作不难发现，这些数据太大，使七号星怎么摆都不像"斗"了。这个环节将数学中比例尺的内容运用到此外，体现了学科之间的融合。强调"依次"调整很重要，可以降低调整的难度。

（4）提问：摆得像吗？可以怎么做？

组织学生思考，想到如把七号星拿起来，或者把多颗星同时拿起来的方法。在学生回答的过程中，教师适时出示立体模型的PPT，将抽象思维形象化。

设计意图： 通过形象直观的教学，学生经历了对北斗七星平面建模的过程，认识到原来北斗七星并不在同一平面，从而顺利地将平面建模过渡到立体建模，突破了教学难点。

（三）实物建模，纵探北斗

（1）出示立体模型：出示通过一定比例缩小的北斗七星立体模型。

提问：当我们仰望星空时，北斗七星是在投影上的，所以它们看上去在同一平面，但是实际上北斗七星在星空中的位置不在同一平面，你们能找到北斗七星在哪吗？

设计意图： 直接出示立体模型，可以在短时间内帮助学生在头脑中建构北斗七星的立体模型，降低操作的难度。用手电筒代表眼睛的视野方向，把七个橡皮泥小球投影到桌面上，找到"斗"的形状，可以初步验算立体模型建构成功。

（2）"你问我做"：引导学生认识学生实验记录单中的数据，以同一位置的学生为例，让学生结合课前热身游戏，在同一个点上以蹲、坐、踩的方式调节高度，促使学生突破对竹签高度的认识。

设计意图： 七颗星的位置是借助星图软件，结合上网查询获得的方位角、平面角、高度角，通过三角函数换算后平移获得的。往左走、往前走便是课前热身游戏，重点解释高度、降低难度，深化学生对三维坐标的初步认识。

（3）学生分组实验，如图3-4-2所示。

图 3-4-2

导语：请大家思考这样一个问题——在星空中的另外地方（如火星、土星、木星等）上观察北斗七星，它们是什么形状的呢？

设计意图： 通过实验，学生发现从不同的角度观察，北斗七星的形状不同。教师在这个环节应引导学生知道：星空中看起来远近差不多的星星，其实离我们有远有近；北斗七星的形状是我们从地球这个角度所看到的情况，如果从宇宙中不同的角度来看，它们的形状会不同。

（四）巩固拓展，继续研究

（1）观看视频：介绍星座的概念，认识大熊座和小熊座。

（2）引入星图软件：如今，随着科技的发展，我们观星已经不受天气、时间的限制了，有一个软件能够帮助我们实现坐在家里也可以观星的愿望，那就是——星图软件。

提问：刚才我们观察到的北斗七星处于什么星座呢？我们一起来找一找！

追问：如果我们在野外迷了路，天空中的哪颗星可以帮助我们辨别方向呢？（学生：北极星）

（3）引导：怎样可以找到北极星呢？（学生：右上角的那颗，在勺口延长线上5倍距离处）它在哪个星座？（学生：小熊座）

（4）小结：今天我们在脑中形成了一个概念——在星空中有很多星座，其中有一个是大熊座，当中有闪亮的七颗星，叫作北斗七星，从地球上看它们的形状像勺子，在勺口延长线上5倍距离处，有颗北极星，它在小熊座上。

（5）拓展：今天我们一起建构了北斗七星的立体模型，但这个模型与真实的北斗七星还存在很大的差距，我们还可以从很多方面完善它，同学们想到哪些方法呢？

设计意图： 本节课的最后，介绍星座的概念，在之前的基础上，学生会更容易理解星座的分类。在学生对星座充满兴趣的时候，引入星图软件，将信息技术带进课堂，可以使学生更形象地观察大熊座、小熊座，进一步帮助学生对本节课进行总结、升华，让学有余力的学生有发挥的空间。

八、【评价设计】

在本节课的教学中，我适时地采用了形成性评价和总结性评价两种评价方式。

（一）形成性评价

在本节课的教学中，我设计了一系列具有良好结构性的问题，向学生设问，并及时有效地加以评价和反馈，在激发学生学习热情的同时，使学生在整节课中得到了合理有效的评价。同时，我还及时引导学生学习的方向，指导学生学习的方法，在恰当的时候疏导学生的学习障碍，提高学生的学习效能。这种贯穿于全课的形成性评价既有利于学生的自主学习，又能帮助教师及时调整教学策略。

（二）总结性评价

在本节课教学结束前，我以思维可视化的形式将知识串联起来，同时创设了一个拓展情境："今天我们一起建构了北斗七星的立体模型，但这个模型与真实的北斗七星还存在很大的差距，我们还可以从很多方面完善它，同学们想到哪些方法呢？"让学生进行角色代入。学生围绕这个情境，根据本节课所学的知识纷纷谈了自己真实的想法，对"制作星座模型，对模型进行合理修改、推理并做出解释"有了更深层次的理解，这样的总结性评价的效果是值得肯定的。

九、【案例评析】

本节课的教学着力于提高学生的思维发展水平，具有以下三大特色。

（一）凸显科学意识，是指向知识建构的教学

就本节课而言，随着教学进度的推进，我不断出示科学数据，引导学生经历"错误—发现—探究—进步"的过程，让学生经历多个"否定之否定"的思维过程，认识到"立体模型是建立在科学之上的"，促进学生对知识的建构。

（二）思维可视化教学，是指向思维发展的教学

整节课我将深度学习发生的着力点定位在"思维发展"上，即初步建斗—调整遇挫—发现原因—立体建斗，重视学生的亲身体验，将无限的宇宙转换成有限的图像展现给学生，帮助学生建构真实可触的模型，利用有形的物质进行模拟探究。

（三）多学科教学融合，是指向人格发展的教学

我通过上网查询获得北斗七星的方位角、平面角、高度角，利用 Excel 软件，将其转换为三维坐标，又将北斗七星的模型创新性地从立体模型的三维坐标转换为"在平面的基础上增加高度来实现"，同时借助同屏等技术，促进学生对星空的了解，把星空搬进课堂，让学生体会到科技发展给我们带来的实实在在的便利。

十、【板书设计】

板书设计如图 3-4-3 所示。

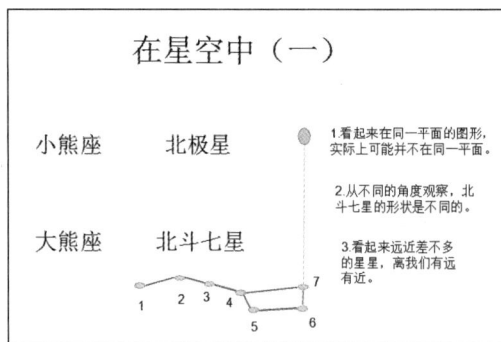

图 3-4-3

十一、【学生实验记录单】

学生实验记录单如表 3-4-1 所示。

表 3-4-1

编号	往左走（格）	往前走（格）	竹签的高度（cm）
1			
2			
3			
4			
5			
6			
7			

建构北斗七星立体模型的实验步骤如图 3-4-4 所示。

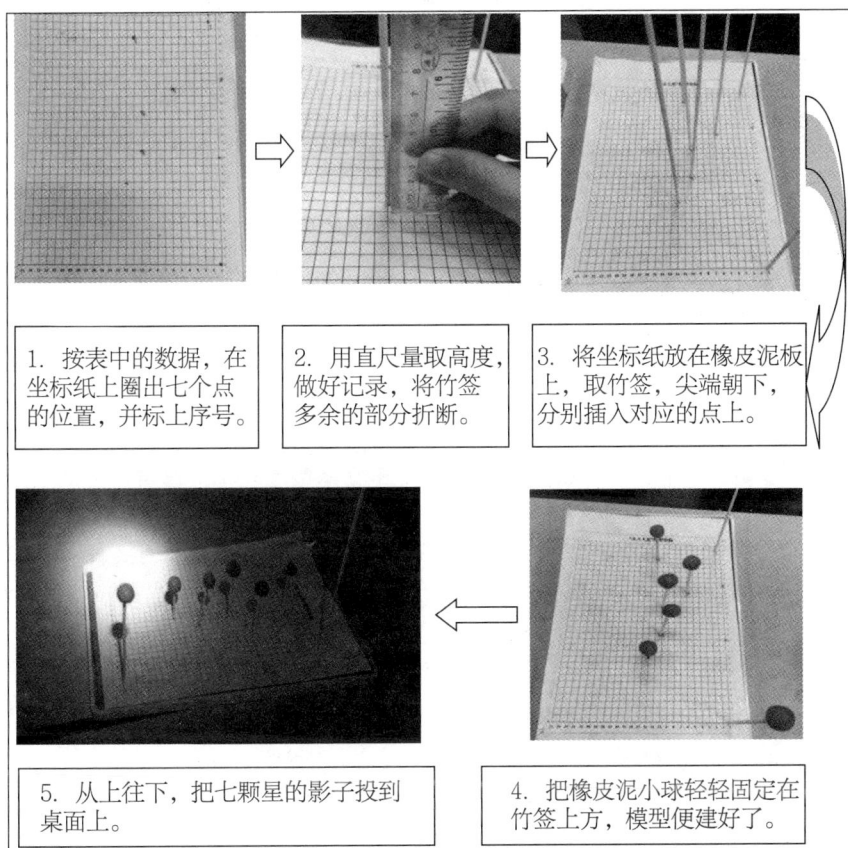

1. 按表中的数据，在坐标纸上圈出七个点的位置，并标上序号。

2. 用直尺量取高度，做好记录，将竹签多余的部分折断。

3. 将坐标纸放在橡皮泥板上，取竹签，尖端朝下，分别插入对应的点上。

5. 从上往下，把七颗星的影子投到桌面上。

4. 把橡皮泥小球轻轻固定在竹签上方，模型便建好了。

图 3-4-4

案例 5：人类认识地球及其运动的历史

浙江省杭州市基础教育研究室　徐春建

主题	人类认识地球及其运动的历史		
教材版本	教育科学出版社	年级	五年级下册
单元	第四单元　地球的运动	课时	第二课时

一、【课标内容】

13. 在太阳系中，地球、月球和其他星球有规律地运动着。

13.1　地球每天自西向东围绕地轴自转，形成昼夜交替等有规律的自然现象。

五至六年级　知道地球自西向东围绕地轴自转，形成了昼夜交替与天体东升西落的现象；知道地球自转轴（地轴）及自转的周期、方向等。

二、【教学目标】

（1）科学知识：了解"地心说"和"日心说"的相关内容，知道两者都有局限性。

（2）科学探究：尝试利用文本阅读的方式，逐步完善对"地心说"和"日心说"的认识。

（3）科学态度：经历多个"否定之否定"的思维过程，认识到科学是建立在证据之上的，随着证据的更新，科学也会不断发展。

（4）科学、技术、社会与环境：意识到随着观测技术的发展，人们对地球运动的认识也越来越准确。

三、【学情分析】

　　对五年级的学生来说，本节课的学习是非常困难的，原因有两个。第一，本节课介绍了"地心说"和"日心说"的代表人物及其主要观点，这实际上是对科学史的学习。学习历史的关键是必须将历史人物、历史事件放到当时的历史背景下审视，只有这样才有意义和价值。而五年级的学生几乎没有接触过系统的科学史教育，缺乏对科学史的了解，虽然他们通过各种途径可能知道了哥白尼等科学家的事迹，但与学习本节课应具备的知识储备相去甚远。所以，教师必须准备丰富且具有良好结构性的相关科学史资料，以供学生充实自己的知识储备，使学生对"地心说"和"日心说"加以理解和评析。第二，对"地心说"和"日心说"的学习涉及日地等星体空间位置的建模活动，这就要求学生有较强的空间想象能力，而实际上五年级的学生的空间想象能力较弱，这就需要教师采用多种教学方法（直观演示法、模拟实验法等），降低学生对星体空间建模的难度。

四、【教学重点与难点】

　　（1）教学重点：认识到科学是建立在证据之上的。

　　（2）教学难点：知道"地心说"和"日心说"都有局限性。

五、【设计理念】

（一）教学内容

　　"人类认识地球及其运动的历史"是教科版五年级下册第四单元"地球的运动"的第二课。在本节课中，教材首先列出了托勒密（"地心说"代表人物）和哥白尼（"日心说"代表人物）的生平简介及他们各自的主要观点，然后组织学生思考："这两种学说的异同点是什么？支持各自学说的证据是什么？这两种学说都能解释昼夜交替现象吗？你们支持哪种学说？理由是什么？"通观本节课的教材，涉及对地球运动相关科学史的回顾与分析，还需要调动学生的空间想象能力，学生感到难学，教师感到难教。我任市教研员近 6 年，在本市内听公开课近千节，至今没有听到有教师上本节课，其教材难度由此可见一斑。本着研究的心态，我进行了教学设计，并于 2014 年 3 月在宁波"三江名师"活动中执教展示。

（二）教学方法

科学新课标指出：“在科学学习中，灵活和综合运用各种教学方式和策略都是必要的。”由于本节课实际上是科学史的学习，涉及大量的文本资料和图片资料，这些都是前人优秀的研究成果，属于间接经验。对于间接经验的学习，只运用自主探究法这一种教学方法，其效果往往不好，教师应该灵活运用多种教学方法。就科学史的学习来说，最有效的教学方法就是资料阅读法。需要注意的是，科学教学中的资料阅读法不同于一般的阅读法，它主要有以下特点：首先，科学教学中的资料阅读只追求字面意义的理解，不追求文本背后的思想领悟，这与语文教学中的阅读要求是不一样的；其次，与一般的文本阅读相比，科学教学中的资料阅读更关注资料中数据、插图、表格的阅读和理解，因为其中包含大量有价值的科学信息；再次，科学教学中出现的资料行文相对严谨、数据客观真实，并强调资料来源的权威性，这是由学科特质决定的。当然，本节课的教学方法除资料阅读法外，还包括合作学习法、直观演示法、模拟实验法等，这些教学方法都可以根据教学实际加以灵活运用。

六、【教学准备】

（1）教具：PPT、时间箭头贴纸、科学家头像、太阳模拟球1个、铅画纸1张（8K）。

（2）学具：“地心说”和“日心说”异同比较记录表每人1张、太阳模拟球每组（4人为1组）1个。

七、【教学过程设计】

总体思路：本节课教学的核心不在于帮助学生了解“地心说”和“日心说”的异同点，甚至也不在于引导学生评析两者的优劣，因为这些都是知识层面的，学生多知道些或少知道些对于他们科学素养的养成没有决定性的作用。那么，什么是对学生科学素养的养成至关重要的呢？我认为就本节课来说，引导学生经历对“地心说”和“日心说”的理解和评析过程，认识到“科学是建立在证据之上的，随着证据的更新，科学也会不断发展”才是至关重要的，即“科学观点是建立在证据之上的”。由此，随着教学情境的发展，我在教学过程中不断地出示新的证据（文本资料、直观演示、模拟实验等），引导学生利用这些证据不断地修正自己对地球运动方式的认知。所以，本节课就是一节基于证据的科学探究课。

（一）比较两种学说的异同

（1）在黑板上贴上一张时间箭头贴纸，在左右两端做好标记。

（2）谈话：今天的课涉及两位古代的科学家，一位名叫托勒密，生活在公元100年左右，另一位名叫哥白尼，生活在公元1500年左右。

教师在时间箭头贴纸上贴上托勒密和哥白尼的头像，标注时间。

设计意图：本节课立足于科学史的学习，时间序列显得很重要。教师引入形象的"时间箭头"，并将几位科学家按照时间顺序排列，这对于帮助学生理解科学史的发展是有益的。

（3）组织学生自学教材，并在记录表上填好"地心说"和"日心说"的相同点和不同点。教师根据学生的回答板书。

在学生回答的过程中，教师适时出示"地心说"和"日心说"的PPT，加深印象。

设计意图：了解两种学说的基本观点是本节课学习的基础。考虑到这两种学说是对同一现象（昼夜交替）的不同解释，本环节通过让学生填写两种学说异同比较记录表，引导学生在比较中了解两种学说的基本观点。

（二）认识两种学说的局限性

（1）组织全班学生表决：你们觉得哪种学说更科学？

设计意图：表决其实是暴露学生的前概念。在信息社会，几乎所有的学生都知道地球是绕着太阳公转的，所以他们基本上都认为"地心说"不科学。但实际上，"地心说"之所以被人们认同多年，也是具有一定科学性的。教师应引导学生学会辩证地看待问题。

（2）导语："地心说"真的不科学吗？

谈话：古代没有卫星等现代技术，托勒密经过研究和推论，认为地球是一个球体，这在当时是非常了不起的事。

阅读PPT："天圆地方说"。

设问：和"天圆地方说"相比，托勒密的"地心说"是否更科学？

设计意图：引入"天圆地方说"和"地心说"并进行比较，实际上是在展现人类认识地球及其运动的历史的基础上，让学生发现"地心说"和一些缺乏合理推断的学说相比，是具有一定的科学性的。

（3）导语：托勒密也算是哥白尼的老师呢！让我们了解一下托勒密是怎样的一个人。

阅读PPT：托勒密的学术水平。

（4）阅读PPT：托勒密修改"地心说"。

教师介绍托勒密学说中"本轮"的加入，是其计算推演的结果，这在当时是比较先进的。

谈话：托勒密的"地心说"也是经过科学计算的，能利用它解释看到的现象，现在你们还觉得"地心说"完全是不科学的吗？

设计意图：经过与"天圆地方说"的比较、托勒密生平的介绍、托勒密对"地心说"的修改等PPT阅读，学生已经扭转了对"地心说"的偏见，开始认识到"地心说"在托勒密时代是具有先进性的。这个环节隐含了一种科学思想的教育："科学是在不断发展的，任何一种学说的先进性与时代性都是相关联的。"

（5）导语：那么，哥白尼为什么会怀疑"地心说"呢？他有什么依据吗？

阅读PPT：哥白尼对"地心说"的怀疑和批判（4张）。

设计意图：哥白尼对"地心说"的怀疑发端于"行星逆行"现象的解释，本环节就是从这里切入的。需要说明的是，科学阅读并不是纯粹地让学生自学自读，这4张PPT中蕴含了大量的科学信息，教师应该运用生动形象的讲解让学生感知其中的信息。需要注意的是，哥白尼在这里进行的是推论和计算，并没有切实的证据。

（6）导语：哥白尼也是一位严谨的科学家。

阅读PPT：哥白尼的生平。

（7）PPT展示问题，组织学生讨论。

（8）导语：到现在为止，哥白尼提出的"日心说"已经"打败"了托勒密的"地心说"吗？

模拟实验：利用一个红球模拟太阳，让学生模拟地球，测试"地心说"和"日心说"是否都能解释昼夜交替现象。

设计意图：这个模拟实验很关键，学生通过主观体验，发现"地心说"和"日心说"都能解释昼夜交替现象。也就是说，哥白尼并没有事实证据来否定"地心说"。

（9）导语：事实上，在哥白尼提出"日心说"之后的几十年中，只有少数几位科学家相信"日心说"，这是因为缺少证据。直到下面这位伟大的科学家的出现，才给了"地心说"真正致命的一击。

在时间箭头贴纸上贴上伽利略的头像。

阅读PPT：伽利略的望远镜。

设计意图：伽利略利用自制望远镜发现的事实证据在科学上否定了"地心说"，其意义十分深远。

阅读PPT：伽利略被审判的油画。

设计意图：说明伽利略的事实证据对教会支持的"地心说"产生了震撼性的颠覆。

讨论：自此以后，"日心说"才被很多科学家慢慢接受。

（10）设问："日心说"已经"打败"了"地心说"，那么，"日心说"就是真理吗？

阅读PPT：伽利略发现太阳黑子。

阅读PPT：恒星的大小。

追问：你们对这样的解释满意吗？你们认为太阳是宇宙的中心吗？

设计意图：利用事实资料，让学生了解到"日心说"也有不科学的成分，从而否定"日心说"。

（11）讨论：你们知道谁是宇宙的中心吗？你们确定这就是宇宙的真相吗？

设计意图：通过讨论，让学生意识到科学是在不断发展的，没有绝对的科学真理。

（三）评价总结

（1）设问：请思考，是什么让"地心说""日心说"这些学说不断发展和进步的呢？

阅读 PPT："日心说"的最早提出者。

谈话：科学是建立在证据之上的，当时最早提出的"日心说"的人没有证据来证明他的观点，所以他的说法没人相信。

板书：证据。

设计意图： 通过科学史的回顾，让学生意识到科学是建立在证据之上的。

（2）阅读 PPT："超光速"事件。

讨论：目前还没有任何证据表明有"超光速"现象。那么，可不可以认为"光速不变"是永远正确的呢？假如你以后成为一位科学家，发现了能证明"超光速"的证据，但有别的科学家反对你，你会怎么办？

谈话：其实这种事情在科学发展史上发生了很多次，如从"地心说"到"日心说"，再到"宇宙无限说"，只要有新的证据出现，科学就会不断获得发展。希望大家以后能成为注重科学证据的人。

设计意图： 通过情境测试，让学生意识到科学是讲究证据的，是在不断发展的。

八、【评价设计】

按照切入的时机和发挥的功能来区分，教学评价可以分为形成性评价和总结性评价。我在本节课的教学中，适时地采用了这两种评价方式。

（一）形成性评价

形成性评价注重对学生学习过程的关注，其作用是使学生了解自己的学习状况，有助于学生发展自主学习。我在本节课的教学中设计了一系列具有良好结构性的问题，向学生设问，并及时有效地加以评判和反馈，学生在整节课中得到了合理有效的评价。这种贯穿于全课的形成性评价既有利于学生的自主学习，又能帮助教师及时调整教学策略。

（二）总结性评价

以往一节课的总结性评价无非是学生做做习题或由教师发表一番感受，这种评价模式往往是低效的甚至是无效的。无论是做习题还是听教师发表感受，都没有真正暴露学生的真实想法，其评价效果可想而知。我在本节课教学结束前创设了一个情境："假如你以后成为一位科学家，发现了能证明'超光速'的证据，但有别的科学家反对你，你会怎么办？"让学生进行角色代入。学生围绕这个情境，根据本节课所学的知识纷纷谈了自己真实的想法，对"科学是建立在证据之上的，随着证据的更新，科学也会不断发展"有了更深层次的理解，这样的总结性评价的效果是值得肯定的。

九、【案例评析】

本节课的教学设计有以下三点特色。

（一）凸显证据意识，是指向学科思想的教学

本节课的教材内容主要引导学生了解及评析"地心说"和"日心说"，很多教师就此止步不前。但我认为科学教学的最终目的不是知识层面的教学，就本节课来说，引导学生经历对"地心说"和"日心说"的理解和评析过程，认识到"科学是建立在证据之上的"才是至关重要的，因为这对于学生科学素养的养成乃至终身成长至关重要！时至今日，很多人的证据意识大多很淡薄，大至民生工程，小至生活琐事，都是凭经验、凭感觉来处理，很少有人进行基于实证的研究和判断。作为小学科学教师，我们难道不应该承担起相应的责任，在课堂教学中开展指向学科思想的教学吗？

我在本节课的教学中不断地出示新的证据，引导学生利用这些证据不断地修正自己对地球运动方式的认知。学生在学习的过程中，自然而然地感受到了证据的重要性，意识到了"科学是建立在证据之上的"。

本节课还有一个教学细节对学生树立证据意识有所帮助。我在每张PPT的资料下都注明了其文献出处，虽然标注格式并不严谨，但便于学生理解。在实际教学中，我并不强调每份资料的文献出处，但这种对学生潜移默化的影响对于其证据意识的养成是很有帮助的。

（二）体现科学的发展性，是指向科学本质的教学

小学生往往将科学理解为写在教科书或著作上的一条条科学概念和定律，这些概念和定律是科学家经过研究发现的，所以它们是绝对正确的、一成不变的。当然，

小学生的这种理解是错误的。事实上，没有绝对不变的科学真理！正如托勒密的"地心说"，它被当时的人们认可为"科学真理"，但随着时代的发展，"地心说"被更为科学的"日心说"所代替，而"日心说"后来又被"宇宙无限说"所代替，这个过程就体现了科学的发展性，即"科学是在不断发展的"，这就是科学的本质之一。大量的事实表明，科学的发展永远不会停止，当前的科学只是适应了当前的时代，随着时代的发展，科学也将不断发展。由此，"宇宙无限说"只是当前的科学假说，以后一定会有更先进、更科学的假说将之代替，科学就是在不断的发展中得到进步的。

为体现科学的发展性，我在本节课的教学中设计了一系列具有良好结构性的教学环节：暴露学生的前概念（"褒日贬地"）→球体的提法（"地心说"有科学之处）→托勒密其人、"地心说"被人们认同多年（"地心说"的科学性）→行星逆行（"地心说"受到质疑）→哥白尼其人（"日心说"只是假说）→伽利略的望远镜（"日心说"获得有力证据）→伽利略发现太阳黑子（"日心说"也不科学）→"超光速"事件（引发质疑），让学生经历多个"否定之否定"的思维过程，在活动中感受"科学是在不断发展的"，以后必然会有更先进的科学假说出现，由此感悟科学的本质。

（三）强化历史背景，是指向真实的科学史教学

目前，科学史教学最大的问题是失真，即不真实，原因在于教师没有将历史事件和历史人物放到历史背景中审视和评析。许多教师在讲授托勒密的"地心说"时，往往将其完全否定，还会贴上一系列政治标签。实际上，托勒密的"地心说"在当时的年代（公元 100 年左右）是很先进的。与印度的"神象驮大地"、中国的"天圆地方说"等相比，托勒密的"地心说"已经从神话性、直观性的猜测走向了以理性推理、数据计算为特点的科学假说。所以，就托勒密所处的历史背景来说，他的"地心说"是具有科学性和先进性的，教师不能完全抹杀其在科学史上的地位。我在本节课的教学中，从"地心说"和"天圆地方说"的比较、托勒密的学术成就等方面入手，将托勒密的"地心说"放到当时的历史背景中评析，学生意识到"地心说"在当时也是科学的，这才是真实的科学史。

同理，也应该还原哥白尼的"日心说"的历史真实性，而不能一味地夸大和拔高它。事实上，哥白尼的"日心说"虽然是其长期观测和思考的结晶，但当时信服这个学

说的学者非常少。其主要原因并不是我们臆想中的"宗教迫害"，而是缺少真实的、可观测的事实证据！没有证据的支持，"日心说"在当时一直不被认可和重视，直到伽利略用望远镜进行观测而获得了事实证据。由此，我在本节课的教学中如实地呈现了哥白尼时代对"日心说"的评价，让学生在真实的科学史学习中意识到"科学是建立在证据之上的""科学是在不断发展的"。

"历史是任人打扮的小姑娘"吗？当然不是。但如果教师在科学史的教学中忽视历史背景的作用，将历史事件和历史人物抽离于历史背景，历史真的会成为任由后人涂鸦的画板，失去真实性的科学史将没有任何教育意义。

十、【板书设计】

板书设计如图 3-5-1 所示。

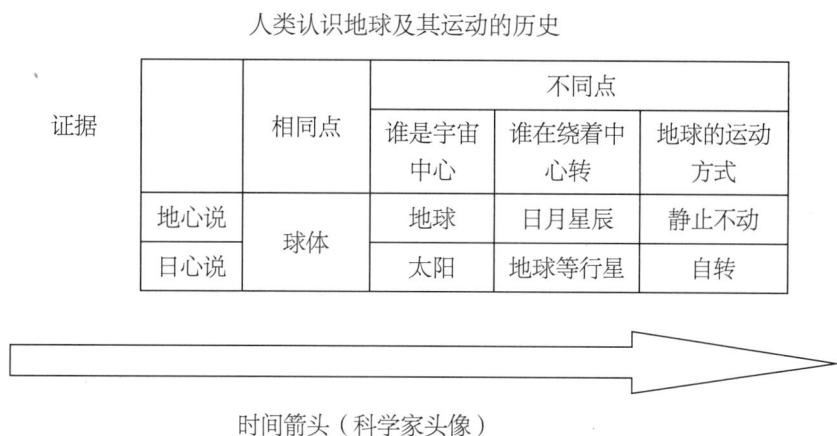

人类认识地球及其运动的历史

证据		相同点	不同点		
			谁是宇宙中心	谁在绕着中心转	地球的运动方式
地心说		球体	地球	日月星辰	静止不动
日心说			太阳	地球等行星	自转

时间箭头（科学家头像）

图 3-5-1

设计意图：将"地心说"和"日心说"的主要观点用表格的形式加以罗列，有助于学生比较两者的异同，加深对这两种学说的理解；将科学家的头像用时间箭头的方式排列出来，清晰地体现了科学史的时间序列。

十一、【学生实验记录单】

自学教材第75～76页，找出"地心说"和"日心说"的异同点，如表3-5-1所示。

表 3-5-1

	相同点	不同点		
		谁是宇宙中心	谁在绕着中心转	地球的运动方式
地心说 （托勒密）				
日心说 （哥白尼）				

第四章　技术与工程

案例 1：做个太阳能热水器

陕西省西安市西安高新第一小学　麻丹

主题	做个太阳能热水器		
教材版本	教育科学出版社	年级	五年级上册
单元	第二单元　光	课时	第一课时

一、【课标内容】

6.6.2　一种表现形式的能量可以转换为另一种表现形式。

五至六年级　知道声、光、热、电、磁都是自然界中存在的能量形式。

五至六年级　知道重大的发明和技术会给人类社会发展带来的深远影响和变化。

五至六年级　利用摄影、录像、文字与图案、绘图或实物，表达自己的创意与构想；将自己简单的创意转化为模型或实物。

二、【教学目标】

（1）科学知识：知道太阳能热水器是一种光热转换器，具有节能、环保、安全的优点；了解太阳能热水器的效能和其结构、材料、工作原理有关。

（2）科学探究：能根据研究任务和要求选择制作太阳能热水器的材料；合作制订本小组的设计方案，懂得产品的设计要综合考虑结构、材料、工作原理等因素，符合方便实用的原则。

（3）科学态度：体会运用科学知识解决问题的乐趣，感知任何一款科技产品的开发和设计，均融合了多种知识和技术；合作共享，明确分工，综合考虑小组各成员的意见，形成集体的观点。

（4）科学、技术、社会与环境：了解并意识到人类在对产品进行不断的改进，以适应自己不断增加的需求；知道人类的需求是影响科学技术发展的关键因素。

三、【学情分析】

本节课的教学对象是五年级的学生。

（一）整体学习状况

学生已经初步形成了自己的科学知识体系，在探究中已经积累了一定的知识和方法，可以单独应用这些知识，但是并没有将全部知识整合应用到项目研究中的经验，综合应用多学科知识解决问题的能力有待提升。

（二）认知能力方面

学生通过"光和影""光与热"的学习，已经了解了"热光源产生光的同时还伴随着热的辐射""人们可以利用多种手段获得更多的热"等关于光和热的基本规律。在此基础上，本节课以太阳能热水器为载体，发展学生的综合运用能力。

（三）基础差异方面

学生对于太阳能热水器的使用较熟悉，但不同的学生对其结构、材料、工作原理的了解是有差异的，对其性能等方面的认知也有差异，对设计、制作太阳能热水器的选材不同、思路不同。

通过数学中立体几何的学习，学生已经具备了一定的空间想象与规划能力，对探究活动兴趣浓厚，愿意尝试自己设计产品，这些都为本节课的学习奠定了重要的基础。

四、【教学重点与难点】

（1）教学重点：认识太阳能热水器的工作原理，综合应用所学知识选择合理的材料进行简易太阳能热水器的设计。

（2）教学难点：合作制订太阳能热水器的设计方案，在交流活动中不断修改、优化设计方案，使其更加合理。

五、【设计理念】

（一）教学内容

"做个太阳能热水器"是单元学习内容的综合应用，也是对学生学习成果的综合评价。课程内容涉及"物质科学"领域和"技术与工程"领域的主要概念，为学生科学素养的初步培养和持续发展奠定了良好的基础。我在研读教材的基础上，进行了教材的二次开发，系列课程以"做个太阳能热水器"为主题，分为三个课时：（1）人人都是产品设计师；（2）争当合格技术员；（3）我是优秀检验师。本节课是第一课时，侧重培养学生的设计思维、知识应用与问题解决的能力。

（二）教学方法

科学新课标指出："在科学学习中，灵活和综合运用各种教学方式和策略都是必要的。"本节课涉及工程设计的内容比重较大，需要学生充分调动已有知识，在充分了解太阳能热水器的结构的基础上进行设计及模型制作。因此，教师要充分调动学生的学习热情，并在课堂中加入间接经验的学习。本节课采用的教学方法主要是启发教学法、任务驱动法、合作学习法、自主探究法、观察比较法，这些方法都可以根据教学实际加以灵活运用。

（三）教学理念

本节课主要基于以下三点理念完成教学设计。

（1）在知识经济时代，科学技术的发展将更深刻地影响个体的认知和行为模式，教师应从小重视培养学生的能力，并与社会发展的需求相契合，让学生走出学科中心，联系社会、生活、生产实际进行学习。

（2）基于中国学生培养和发展核心素养的要求，教师应致力于让知识在科学、技术、工程、数学之间相互碰撞、相互支撑、相互补充、共同发展，将它们交织在一起、融合在一起，实现深层次学习、理解性学习，培养学生各个方面的技能和认知。

（3）现阶段，强调以生为本，倡导践行生本课堂及学科间的融合、借鉴，充分发挥学生的主观能动性，提升学生的自主学习能力。

六、【教学准备】

（1）教具：大纸盒、锡箔纸、彩色卡纸（光面/沙面）、泡沫板、透明塑料纸、饮料瓶（大/小）、放大镜、小木块、不同面额的材料币、教学板书、PPT 等。

（2）学具：自主研究单等。

七、【教学过程设计】

总体思路：问题源于生活，在本节课中，学生需要根据研究任务和要求进行有目的的设计，在了解真实的太阳能热水器的基础上，结合所学知识，利用身边的材料解决实际问题；教师需要在设计、制作的过程中理论联系实际，引导学生巩固并升华学到的知识和技能。学生在研究问题的同时应用所学知识，而教师以自助材料超市的形式模拟真实的设计过程和选材过程，调动学生的参与热情，引导学生设计各有特色、功能齐全的太阳能热水器。

（一）基于生活，引出课题

（1）出示垃圾分类的相关新闻报道及图片，引导学生追溯垃圾分类的原因。学生参与互动，交流观点。

通过网络查询准备 2 张以上有关垃圾分类的新闻报道截图，在实际教学中配图讲解。

（2）引导学生思考除了提高回收利用率，还能通过何种方式解决资源匮乏的问题。学生思考方法，分享自己的观点。

（3）介绍太阳能的广泛应用，揭示课题：做个太阳能热水器——人人都是产品设计师（板书），如图 4-1-1 所示。学生了解太阳能的应用，明确任务，并设计简易的太阳能热水器。

设计意图：从垃圾分类到新能源的应用，引导学生关注资源匮乏的问题，创建"人人都是产品设计师"的情境，引导学生迅速融入学习主题。

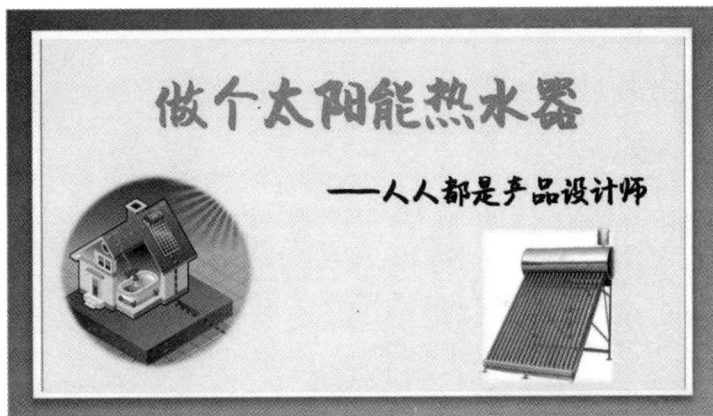

图 4-1-1

（二）研究分享，拓展思路

（1）组织学生进行小组内课前研究分享，如图 4-1-2 所示。小组分享、交流课前研究成果。

图 4-1-2

（2）组织学生总结太阳能热水器的基本结构、基本原理、三大功能及优缺点，如图 4-1-3 所示。学生补充课前研究中不足的地方，全班分享交流。

（3）教师补充、纠正，与学生一起完善板书。

（4）组织学生对课前研究中尚未解决的问题进行全班交流。学生提出尚未解决的疑问或帮助其他人解决疑问。（备选问题：①为什么太阳能热水器要倾斜放置；

②如何解决太阳能热水器在冬天供能不足的问题？ ）

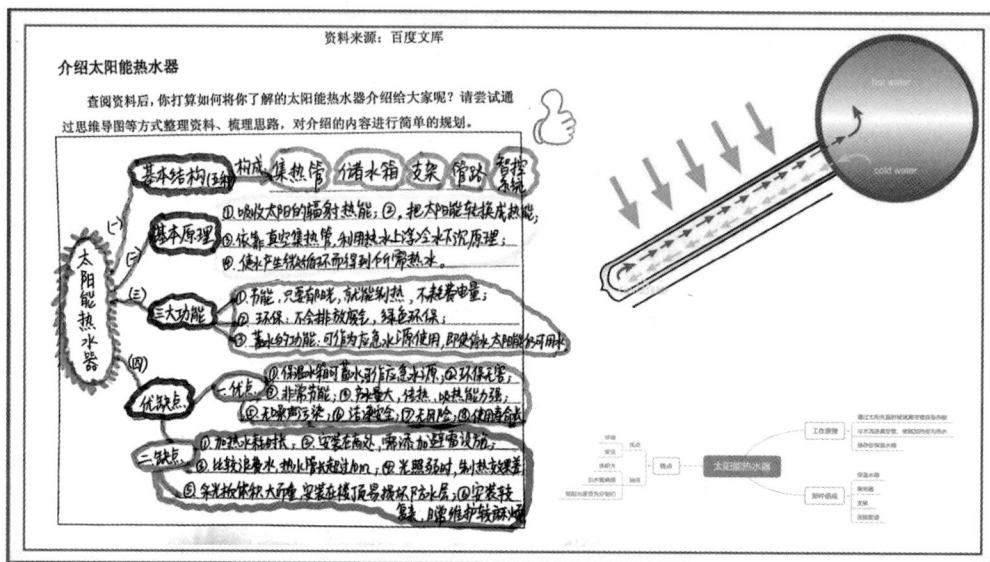

图 4-1-3

设计意图： 课前的自主研究分享为设计明确的问题——"想要升温快，就要获得更多的光"进行理论铺垫。学生通过写板书、听讲解，实现双向通道学习，强化认识。

（三）分析任务，合作设计

（1）提出设计要求：能够装 200ml 水；热水器能尽快升温；热水器具备保温功能（见图 4-1-4）。学生分析任务，明确设计要求。

图 4-1-4

第四章 技术与工程

（2）引导学生思考：制作简易太阳能热水器需要哪些常见的材料？学生思考制作太阳能热水器的材料。

（3）出示自助材料超市，引导学生熟悉材料并研究每种材料的用途，如图4-1-5所示。学生根据已学知识，初步筛选材料。

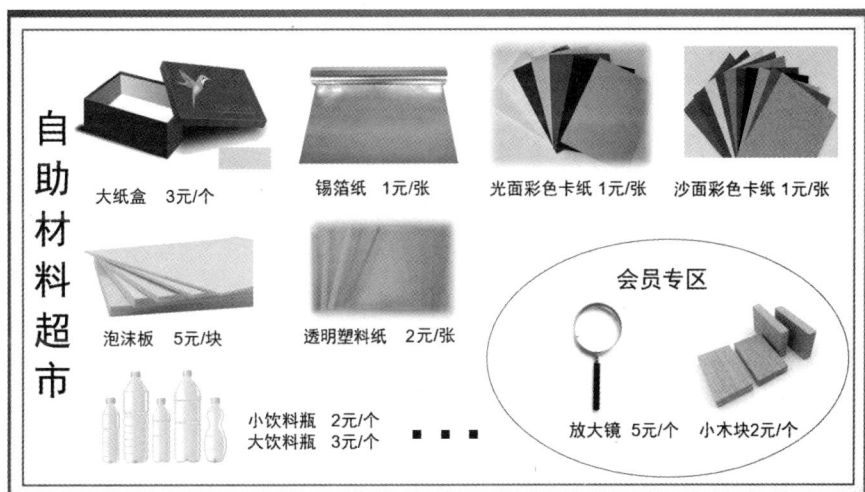

图 4-1-5

（4）组织学生小组合作，交流讨论，选择材料并记录，如图4-1-6所示。学生参与小组合作，讨论并完成记录。

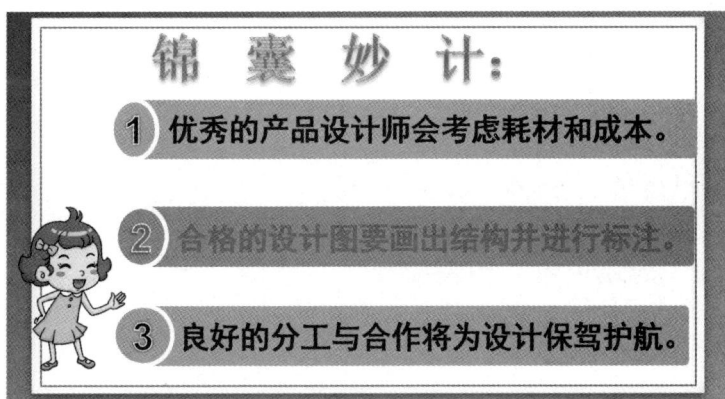

图 4-1-6

（5）组织小组成员明确分工，绘制简易太阳能热水器设计图，核算设计所需要的成本，如图4-1-7所示。学生分工合作，绘制设计图并进行成本核算。

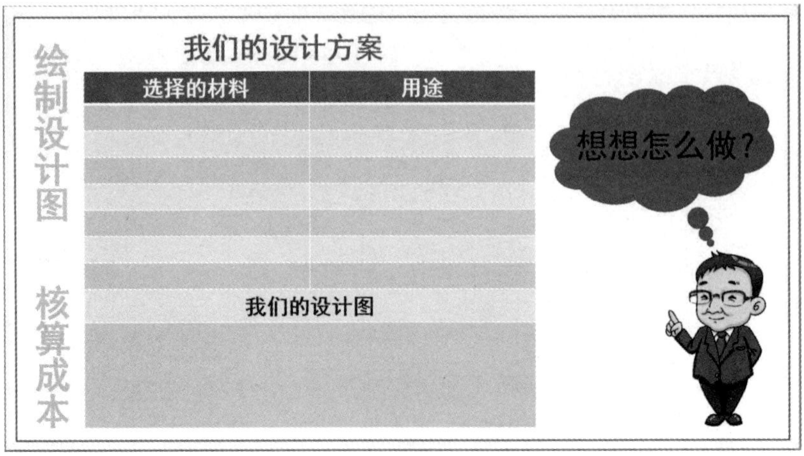

图 4-1-7

设计意图: 根据容量有限原则,个体工作记忆的空间是有限的,不可能无限制地处理诸多信息,因此应尽可能减轻不必要的认知负担,在设计热水器阶段,将重点聚焦在如何实现加热和保温功能上。

(四)展示方案,优化设计

(1)组织学生在小组间交流设计图,互相汲取优点,初步完善本小组的设计方案。学生在小组间交流,肯定别人的设计,完善自己的方案。

(2)引导学生在班级中选出最优设计。

(3)组织获得最优设计的小组代表进行全班范围内的分享交流,其他人评价并给出建议。学生倾听方案分享,对方案进行评价或补充。

设计意图: 在一次技术突破的过程中,经验的总结与分享尤为重要,让学生互相评价,可以分析学生内在的思考过程。

(五)总结评价,拓展提升

(1)教师从本节课的目标达成、科学态度等方面进行总结评价。

(2)拓展:将所有小组的设计图放到校园网上,鼓励学生"跟帖"留言,提出改进建议,获得更多的材料币,如图 4-1-8 所示。学生积极思考太阳能热水器设计方案的改进之处,参与校园网互动,争取获得更多的材料币。

图 4-1-8

设计意图：给予学生在全班范围内进行交流与讨论的空间，比较不同组设计的优缺点，对本组的设计进行反思和改进。

八、【评价设计】

课堂评价对学生来说是非常重要的，良好的评价可以将学生带入学习的良性循环中。本节课的评价方式多样，主要分为以下两类。

（1）结合课程内容，在评价中为学生提供材料币奖励，材料币可用来购买自助材料超市中会员专区的商品，这在很大程度上调动了学生的课堂参与度。自助材料超市的设置可以帮助学生在明确需要设计的产品的同时考虑材料的成本，成本核算也是产品设计师在设计产品的过程中所必须考虑的关键因素。这个过程让学生设计产品的现实意义不断增强。

（2）在教师进行语言评价的基础上，对表现突出的学生予以科学家奖励卡，奖励卡的设计有"爱提问""会思考""善发现""乐探究""善倾听""乐分享""会合作"7种类型，而这些也是学生在科学学习的过程中所必须具备的科学态度与品质。通过奖励卡的形式，学生清楚地知道成为一位科学家所要具备的素养，并有目标地进行努力。

九、【案例评析】

本节课的教学设计有以下三点特色。

（一）工程设计思维的凸显

任何产品设计都不是一蹴而就的，需要不断尝试与改进，此时经验的总结与借鉴就显得尤为重要。因此，课后应给予学生在校园网交流的空间，给予学生在全班范围内交流的空间，让不同的小组间相互交流、相互建议，为产品的制作提供最好的设计图。学生按照设计图进行太阳能热水器的制作，感受产品设计对加工制作的必要性和重要性。

（二）知识迁移应用的强化

本节课的目的是让学生综合调动已有的知识和经验设计一款产品，在单元式的授课方式下，学生学到的知识与技能串联性不强，而本节课以设计一款产品为实际需求，引导学生应用所学知识选择材料、完成设计。学生在本节课的设计作业中完成得非常好，收获了应用所学知识设计、改进产品的满足感与成就感，这也为融合式的课程设计提供了一个参考方向。

（三）学生能力发展的多样性

通过本节课的学习，学生具备了基本的科学知识，知道了太阳能热水器是一种光热转换器，具有节能、环保、安全的优点，了解了太阳能热水器的效能和其结构、材料、工作原理有关。此外，学生在科学探究及科学态度方面的达成情况也很好，基本达到了教学目标的要求。而在科学、技术、社会与环境方面，学生不仅达到了教学目标的要求，而且培养了科学素养，促进了其能力的全面发展。

十、【板书设计】

板书设计如图 4-1-9 所示。

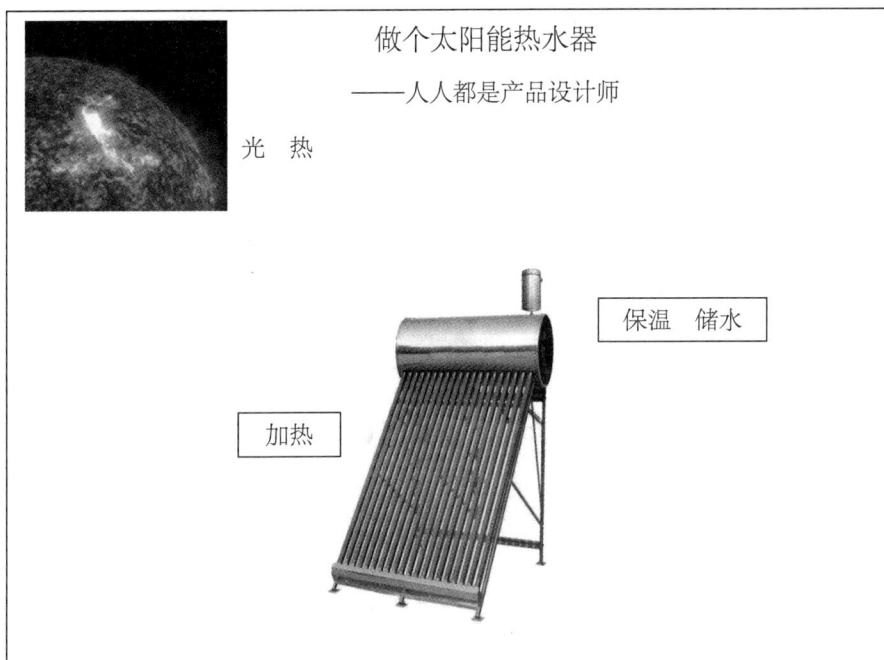

做个太阳能热水器

——人人都是产品设计师

光 热

保温 储水

加热

图 4-1-9

十一、【学生研究报告单】

（一）自主研究单

"做个太阳能热水器"自主研究单

班级： 姓名：

同学们，我们刚刚结束了"光和影"的学习，你知道吗？太阳光除能将七彩虹桥架上蓝天外，还能转化为清洁的能源。人们一直致力于太阳能的利用，太阳能热水器就是最好的例子。你想了解太阳能热水器吗？

Part1 认识太阳能热水器

通过查阅相关资料，了解太阳能热水器，并且将查阅到的资料整理、记录下来。

（温馨提示：选择上网查找资料的同学注意分析网站的可靠性，注明资料来源哦！）

资料来源:

Part2　介绍太阳能热水器

查阅资料后,你打算如何将你了解的太阳能热水器介绍给大家呢?请尝试通过思维导图等方式整理资料、梳理思路,对介绍的内容进行简单的规划。

Part3　探究太阳能热水器

在初步了解太阳能热水器的基础上,关于太阳能热水器你有什么疑问?请将它记录下来。

（二）自助材料超市材料报价表

自助材料超市材料报价表如表 4-1-1 所示。

表 4-1-1

所属区域	商品名称	价格	商品名称	价格
普通区	大纸盒	3 元/个	锡箔纸	1 元/张
	光面彩色卡纸	1 元/张	沙面彩色卡纸	1 元/张
	泡沫板	5 元/块	透明塑料纸	2 元/张
	小饮料瓶	2 元/个	大饮料瓶	3 元/个
会员专区	放大镜	5 元/个	小木块	2 元/个
	定制材料	5 元/次	—	

超市选购规则：

（1）本自助材料超市的普通区商品面向产品设计师免费开放，但是大家在使用过程中要注意节约，关注成本。设计出太阳能热水器后须提供给我们免费使用。

（2）会员专区的商品成本较高，它们能帮助你快速、高效地实现升温，需要各位产品设计师用材料币购买。

（三）太阳能热水器设计方案

各小组的太阳能热水器设计方案如表 4-1-2 所示。

表 4-1-2

选择的材料	用途	数量	单价

材料合计：　　元

各小组的完善计划如表 4-1-3 所示。

表 4-1-3

存在的问题	改进的措施

案例 2：探究蛋壳的承受力

江苏省南京市南京师范大学附属小学　姜玲

主题	探究蛋壳的承受力		
教材版本	江苏凤凰教育出版社（新编版本）	年级	五年级下册
单元	第二单元　仿生	课时	第一课时

一、【课标内容】

17. 技术的核心是发明，是人们对自然的利用和改造。

17.1　技术发明通常蕴含着一定的科学原理。

五至六年级　知道很多发明可以在自然界找到原型，能够说出工程师利用科学原理发明创造的实例。

二、【教学目标】

（1）科学知识：知道像蛋壳这种壁很薄又弯曲的空间结构，叫薄壳结构。

（2）科学探究：能够使用多种方法探究蛋壳的承受力，渗透工程测试的思维；通过一系列学习活动，激发自主探究的兴趣，发现不同情况下蛋壳的承受力不同。

（3）科学态度：经历多个"否定之否定"的思维过程，感受丰富多彩的科学课程，形成乐于探究的科学态度。

（4）科学、技术、社会与环境：了解自然界中有很多生物都具有薄壳结构的特点，人们仿造薄壳结构设计并制作了生活中非常实用的人造物，如建筑、安全帽等。

三、【学情分析】

蛋壳是一种十分常见的厨余垃圾，因为没有细致地观察和研究过它，所以学生对它的了解有限，不少学生可能听说过人们模仿蛋壳发明了薄壳建筑，但是极少有学生能用受力面积来解释"握不碎"的现象。不同情况下蛋壳的承受力是否相同，他们无法预知正确的结果。

对于本节课的实验实施，学生可能还会出现以下几种情况。首先，比较蛋壳内外承受力的实验操作随意性大。由于实验装置欠缺公平性，铅笔、蛋壳、重物放置不当，均会导致实验结果误差大、可信度低。其次，在"鸡蛋站人游戏"中，学生认识蛋壳在不同情况下承受力不同有困难，很难关注到薄壳结构的本质，也很难利用实验结果解决真实的问题。再次，学生对于3个鸡蛋能承受1个人的结果不易感到惊奇，学生的体验不是很充分。

四、【教学重点与难点】

（1）教学重点：探究不同情况下蛋壳的承受力。

（2）教学难点：对比不同情况下蛋壳的承受力，体会弯曲程度不同的蛋壳的承受力不同。

五、【设计理念】

本节课的内容源自苏教版（新编版本）五年级下册第二单元"仿生"第二课"蛋壳与拱形建筑"的前半部分，为第一课时。从仿生学的角度出发，教材安排了观察和探究蛋壳结构、测试拱形承受力、认识典型的拱形建筑及其构造等学习活动。基于本节课的科学教材和学情，我将蛋壳的承受力作为本节课的探究核心，按照"预测—探究—应用"的顺序紧紧围绕着蛋壳安排5个学习活动，包括1个观察、1个预测、2组对比实验、1个探究性游戏，旨在发现不同情况下蛋壳承受力的特点，为学生创造思考的机会，发展学生科学探究的技能和勇于探索的科学精神。

对于蛋壳承受力的实验，由于实验条件的限制，相关的实验在实际教学中很难落实，本节课通过利用3个自制学具，使蛋壳在不同情况下的承受力大小的测试得以顺利进行。

本节课还将影响蛋壳承受力的3个方面（受力方向、曲面形状、受力面积）隐含在探究活动中，在丰富学生感性认识的同时，又能为后续深入研究埋下伏笔，帮助学生体会像蛋壳这样的薄壳结构的承受力特点，激发学生继续探究这个结构在生活中的相关应用的兴趣。

六、【教学准备】

（1）教具：教学板书、PPT、全班统计图表1张、磁钉（红色和绿色）若干等。

（2）学具：每组半蛋壳2个、手持显微镜2个、电子秤1个，共计8组；每组瓶子和吸管组合装置1个、铅笔1支、胶带1卷、半蛋壳6个，共计8组；每组鸡蛋横竖测试装置1个、鸡蛋2个、封口袋2个、盒子1个、哑铃片12片，共计8组；站人测试装置及鸡蛋1套；学生实验记录单8张等。

七、【教学过程设计】

总体思路：本节课通过研究学生产生的"蛋壳到底坚不坚固"的认知冲突，引出探究蛋壳承受力的主题，引导学生对不同情况下蛋壳的承受力大小进行猜想，最后运用对比实验和探究性游戏探究不同情况下蛋壳的承受力。通过本节课的学习，学生知道像蛋壳这种壁很薄又弯曲的空间结构，具有较大的承受力，这种结构就是薄壳结构，激发其进一步研究自然物和人造物中的薄壳结构的兴趣。

（一）预测

1. 观察：观察并描述蛋壳的特点

（1）谈话：同学们，今天我们要学习的内容和它（出示鸡蛋）有关，（出示蛋壳）平时剥鸡蛋时，你们有没有仔细观察过剥开的蛋壳呢？

1～2个学生说一说平时对蛋壳的认知。

（2）交流：蛋壳还可以怎么观察呢？

在交流中，适时出示PPT，强调先用眼睛仔细观察，再借助工具进行观察，同时出示工具图片，每组2个半蛋壳、2个手持显微镜，还有1个电子秤，小组成员轮流观察。

（3）学生观察，教师巡视，关注学生对于蛋壳的描述。

设计意图： 本环节借助眼睛和工具对蛋壳进行观察，这有别于平时的观察，使科学课的课堂观察更加科学、规范。

（4）组织学生汇报：通过观察你们有哪些发现？

在学生汇报的过程中，教师适时将学生的汇报内容作为副板书记录下来，如学生可能会提到薄、轻、脆、粗糙、有膜等。

2. 预测：呈现冲突，进行预测

（1）谈话：大家观察得很仔细，通过观察我们发现蛋壳有一些非常明显的特点，如蛋壳又薄又轻，特别容易碎，特别不坚固，请大家再思考一下它还有其他特点吗？

（2）学生充分发表观点，产生"蛋壳到底坚不坚固"的认知冲突，并针对坚固或不坚固的观点阐述理由。

（3）总结并揭示主题：看来，你们认为情况不同，蛋壳的承受力也可能不同，那今天我们就通过多种方法探究蛋壳的承受力。

板书：探究蛋壳的承受力。

设计意图： 通过收集学生观察到的特点，聚焦矛盾和冲突，由蛋壳是否坚固引出承受力的概念。

（4）交流：探究蛋壳的承受力，我们要用测试的方法。

出示 PPT：我们可以用哪些方法测试蛋壳的承受力？

在学生汇报的过程中，教师同样适时将学生的汇报内容作为副板书记录下来，如握、砸、戳、压、捏等。

追问：这些方法能不能区分出承受力的大小呢？

设计意图： 在探究蛋壳承受力的过程中，渗透工程测试的思维。

（5）聚焦"戳"的方法。

出示 PPT 并提问：凸面和凹面，哪种更容易被戳破？

引导学生在发表观点前先比较一下这几个蛋壳有什么不同。

（6）统计全班学生的观点，总结更容易被戳破的和不容易被戳破的情况，学生充分发表自己的选择理由。

在学生预测的过程中，教师适时将学生的观点用符号记录下来，通过观点回顾，引出更容易被戳破的承受力最小。

（7）聚焦"压"的方法。

出示 PPT 并提问：横放和竖放，哪种不容易被压碎？

学生充分发表观点，教师进行记录，并引出不容易被压碎的承受力最大。

（8）师生回顾预测：针对这 4 种情况，大家总结了承受力最小的情况和承受力最大的情况。那么，情况到底如何呢？我们需要进行测试。

设计意图： 用正向和逆向的两个问题充分暴露学生的前概念。

（二）探究

1. 对比实验一：凸面和凹面，哪种更容易被戳破

（1）揭示活动：用戳的方式比较蛋壳的承受力。

（2）组织学生思考：哪种情况下，蛋壳更容易被戳破？

（3）师生共同研讨：怎样实验比较公平？

（4）组织全班研讨，关注公平实验的注意事项和自制学具对公平实验的帮助。例如，同一个高度：使铅笔在红色标记处自然落地，开口朝上的蛋壳要垫胶带。再如，蛋壳要一样：提供的 6 个半蛋壳，编号相同的来自同一个鸡蛋，要用编号相同的蛋壳进行对比。

（5）学生实验，教师巡视，关注学生的操作情况。

（6）总结：凸面和凹面，哪种更容易被戳破？说明了什么？

学生汇报，教师板书，如图 4-2-1 所示。

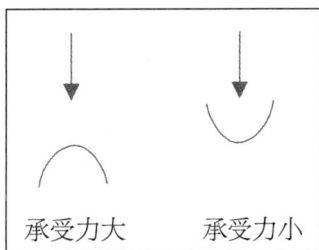

图 4-2-1

设计意图: 这个对比实验的效果非常明显,通过对比蛋壳由外向内受力和由内向外受力的情况,探究蛋壳的内外承受力不同,不仅可以让学生发现蛋壳承受力的特点,还可以让学生感受到对比实验的乐趣和明显的对比效果。

(7)提问:蛋壳的这个特点有用吗?

出示小鸡出壳的图片,引发思考:蛋壳的这个特点既能起到保护未出壳的小鸡的作用,又能让小鸡轻松出壳。

设计意图: 所学有所用,通过对比实验得出结论,学生快速理解了蛋壳的内外承受力不同对于小鸡的保护和出壳的意义。

2. 对比实验二:横放和竖放,哪种不容易被压碎

(1)过渡:刚才我们测试的是"戳"的方法,那"压"的情况如何呢?

提问:横放和竖放,哪种不容易被压碎?

(2)研讨:在鸡蛋上直接放哑铃片会有什么困难?怎么解决这个问题呢?

出示自制装置图片并追问:自制的这个装置能帮助我们解决放置鸡蛋和哑铃片的困难吗?大家看懂了吗?鸡蛋怎么放?哑铃片怎么放?

关注:重点关注两个标记处。

(3)全班研讨实验的注意事项。学生代表演示鸡蛋竖放的操作方法,在操作过程中,全班学生进行研讨,如检查鸡蛋是否完好。

操作方法:鸡蛋要放稳、放正,对着红点放置;两手端着哑铃片,从装置两边放置,轻拿轻放,注意安全;放下哑铃片后,心里默数3秒,再加下一片。

设计意图: 实验的正确操作是得到有效数据的重要保障,这里的注意事项,不是教师直接告知学生,而是需要学生通过研讨自己发现,教师对于学生说得很清楚的一带而过,对于学生不熟悉的,需要重点研讨。这么做的最终目的是保障实验的规范和数据的准确。

(4)研讨实验数据的记录,以及学生实验记录单和全班统计图表的使用。

①先在学生实验记录单中填写假设,并及时记录实验数据,单位为片,填写数据时需要减去最后一片。实验结束后,由各小组组长将实验数据用磁钉在全班统计图表中标出对应的位置。

②师生解读全班统计图表的使用方法：横轴表示小组，竖轴表示能承受的哑铃片数，单位是片；红色磁钉表示竖放，绿色磁钉表示横放；一般先找磁钉，再找小组，最后找竖轴对应的片数。

（5）学生测试，汇总数据，教师巡视。

（6）提问：通过全班的数据汇总，从数据中你们能看出什么？

师生分析数据的各种情况并得出结论：竖放比横放的承受力大。

设计意图：对比鸡蛋横放和竖放的承受力，运用大数据思维引导学生对实验数据进行分析，发现鸡蛋竖放比横放的承受力大，体会不同弯曲程度的蛋壳的承受力不同。

3．探究性游戏：鸡蛋站人游戏，推测承受力更大的秘密

（1）引起冲突：蛋壳的承受力还可以更大吗？请根据1个鸡蛋的最大承受力预估3个鸡蛋能否抬起1个人。

（2）出示装置，进行用3个鸡蛋抬起1个人的游戏，如图4-2-2所示。

图 4-2-2

（3）提问：为什么蛋壳的承受力增大了？

设计意图：挑战学生的认知，暗含增大受力面积可以增大蛋壳的承受力，激发学生进行后续研究的兴趣。

（三）应用

（1）提问：蛋壳的承受力有什么特点？

（2）谈话：请给安全运输鸡蛋提建议，如加蛋托、单独摆放、竖着放等。

（3）揭示薄壳结构的概念，回顾通过内外对比、横竖对比、站人游戏等多种方法探究蛋壳的承受力的过程。

（4）交流：在大自然中，还有哪些生物为了保护自己，也有像蛋壳这样的薄壳结构？（学生：蜗牛、乌龟、蚌、山核桃等）我们人体有薄壳结构吗？

（5）讨论：在奥秘无穷的大自然中，生活着各种各样的生物，人类从生物的结构和功能中得到了不少有益的启发。那么，薄壳结构给了人类什么启发？请寻找并解释自然物、人造物中的薄壳结构。

学生举例：人们不仅在建筑中使用了薄壳结构，还发明了很多其他物品，如乒乓球、安全帽等。

（6）总结：随着科学技术的发展，人们更加有目的地模仿生物的外形和本领，创造出许多新的技术，有关仿生方面还有很多奥秘等待我们去探究。

设计意图：根据所学的蛋壳特点，解决生活实际问题，激发学生进一步探究仿生奥秘的兴趣。

八、【评价设计】

科学新课标指出："教学和评价是课程实施的两个重要环节，相辅相成。评价既对教学的效果进行监测，也与教学过程相互交融，从而促进与保证学生的发展。学习评价的目的在于了解学生在学习过程中的表现及其存在的问题，鉴定学习的质量水平。""学习评价有多种不同的方式，就小学科学课而言，主要有过程性评价和终结性评价两种。"在本节课的教学设计中，我结合了这两种评价方式对学生的学习进行实时评价和反馈。

（1）过程性评价，指的是在学习过程中进行的，与学生的学习交融在一起的，包括课前、课中、课后针对学生的学情及学习表现所进行的评价活动。在本节课的教学设计中，课前，我充分分析了学情、教材；课中，我设计了观察汇报研讨、预测统计阐述、实验现象总结、实验数据分析、现场成功挑战等方式分别对 5 个学习活动进行了及时有效的反馈和评价，在评价过程中将评价的主动权还给学生，学生既是学习者又是评价者。学生在课中产生的认知冲突，还将继续延伸到课后的研究中。

（2）终结性评价，指的是在学习进行到一个阶段之后，针对学习的效果进行检查的评价活动。科学新课标有关五至六年级的学生在技术方面的学习目标是："知道很多发明可以在自然界找到原型，能够说出工程师利用科学原理发明创造的实例。"这是检验学生学习效果的依据，本节课正是采用了"给安全运输鸡蛋提建议""寻找并解释自然物、人造物中的薄壳结构"两个项目对学生的学习效果进行终结性评价。

九、【案例评析】

本节课的教学设计具有以下几点特色。

（1）本节课自主研发了 3 个用于测试蛋壳承受力的自制学具。这套学具具有安全、实用、美观的特点，其测试的公平性也能得到应有的保障。其优点较明显：一是公平性高，能有效控制无关变量；二是操作安全、简便；三是趣味性强；四是可重复利用性强，平均成本较低。正是有了这套全新设计的学具，才使学生有关探究蛋壳承受力的种种想法成为可能。

①测试蛋壳内外承受力的学具。蛋壳的结构是自然界一项巧妙且伟大的工程，它体现了工程中一个非常重要的悖论——既能保护未出壳的小鸡，又能让小鸡轻松出壳。借助瓶子和吸管改进的这个低成本学具，不仅可以帮助学生控制变量，保证了相同高度、相同距离和相同重物等，还可以让学生将笔尖对准蛋壳中心，易于实验的精准操作。我组织学生进行了 3 组重复实验，使每个学生参与其中，实验效果非常显著，实验结论高度统一。

②测试鸡蛋横放和竖放承受力的学具。对于这个测试,如何保证公平是一个难题。在这个测试中，学生的主要困难有：如何让鸡蛋横、竖放置而不倒；测压重物（哑铃片）怎么放置在鸡蛋上方？为了帮助学生解决这两个问题，我设计了简易版的"压力测试仪"，通过木板的自重，可以解决鸡蛋放置的问题，通过铝型材的轨道和测试平

台，可以让哑铃片平稳地放在鸡蛋上方，同时通过木柱保证了公平测试和安全问题。对于这个装置，刚开始，我遇到了一个问题——平台无法平衡下落，经过反复修改，确定为现在的垂直轨道下落的方式。有了它，学生既能放稳、放准鸡蛋，又能安全、放心地逐一添加哑铃片，操作简便。

③鸡蛋站人游戏的学具。对于鸡蛋能站人，大多数学生有看过相关的表演，但在很多学生的心中，那些都是专业的杂技人员才能做到的事。用 3 个鸡蛋抬起 1 个人，这对学生来说还是非常有冲击力的。为了能够达到预期的效果，我研发了这个装置，有了它，学生能够较自由地实施这个游戏。这个游戏的氛围非常好，学生对实验结果感到震惊。至此，他们真正被这个厚度仅为 0.38mm 的蛋壳所能达到的承受力折服。

有效的实验装置，为学生的科学探究提供了保障，使学生在主动参与中真正学习，促进了学生科学素养的全面发展。

（2）渗透工程测试的思维，整理数据的统计方法，支持学生对实验结果进行处理。学生分组实验后，我还运用了大数据的思维引导学生对实验数据进行分析，得出鸡蛋竖放比横放承受力大的结论。部分学生还能结合观察结果提出蛋壳曲面弯曲程度不同，承受力也不同的猜想。

（3）多次挑战学生的认知冲突，重视激发学生的好奇心和实事求是的科学精神。通过这些认知冲突的挑战，学生了解了不同情况下蛋壳的承受力有所不同，理解了薄壳结构这种薄曲面有较大的承受力的本质特征，促进了概念从可理解向可信任、可广泛应用的方向发展。本节课的最后，我组织学生讨论，将研究的结论应用到生活中的自然物和人造物中。优化后的学习活动富有挑战性、趣味性，课堂学习氛围浓厚，教师既关注了学生的好奇心，又培养了他们实事求是的科学精神，树立了学生运用科学技术服务人类的意识。

十、【板书设计】

板书设计如图 4-2-3 所示。

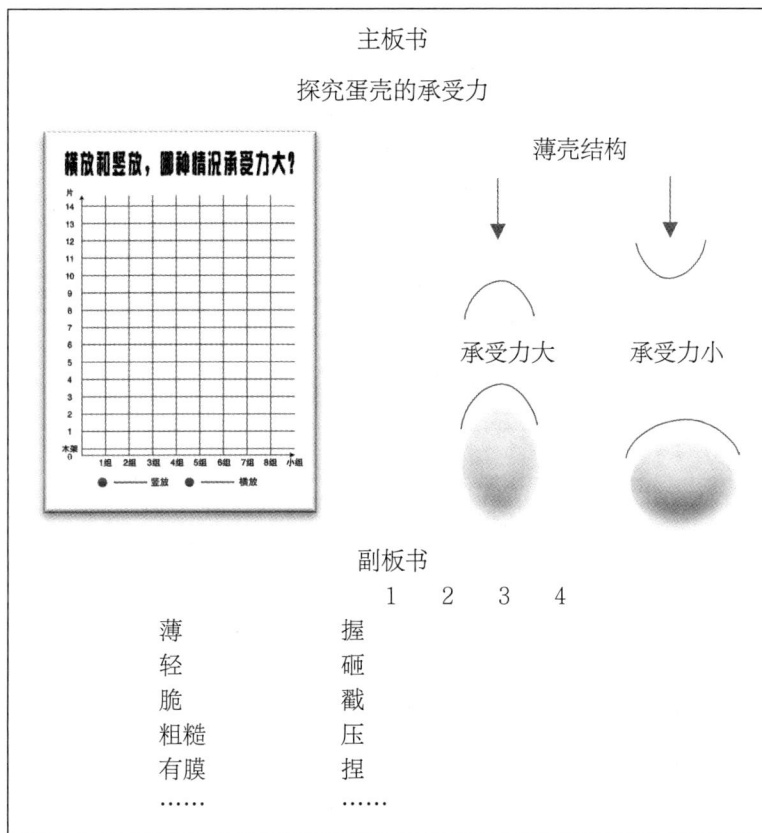

图 4-2-3

十一、【学生实验记录单】

学生实验记录单如表 4-2-1 所示。

表 4-2-1

小组	第____组	
问题	横放和竖放，哪种不容易被压碎	
假设	我们认为鸡蛋_____放的承受力大	
实验数据		能承受的哑铃片数（木架的重量一样）
	横放	（ ）片
	竖放	（ ）片
实验结果		

案例 3：用纸造一座"桥"

厦门市滨海小学　孙娜

主题	用纸造一座"桥"		
教材版本	教育科学出版社	年级	六年级上册
单元	第二单元　形状与结构	课时	第二课时

一、【课标内容】

18. 工程设计的关键是设计，工程是运用科学和技术进行设计、解决实际问题和制造产品的活动。

18.2　工程的核心是设计。

五至六年级　利用摄影、录像、文字与图案、绘图或实物，表达自己的创意与构想；将自己简单的创意转化为模型或实物；根据现实的需要设计简单器具、生产物品或完成任务。

18.3　工程设计需要考虑可利用的条件和制约因素，并不断改进和完善。

五至六年级　根据设计意图，分析可利用的资源；简单评估完成一个产品或系统的可行性，预想使用效果。

二、【教学目标】

（1）科学知识：知道用折叠、架梁、加厚、弯曲等方法改变材料的形状和结构能够提高材料的承重能力。

（2）科学探究：小组合作，经历"明确问题—设计方案—制作测试—评价改进"的完成工程任务的过程。

（3）科学态度：培养乐于动手、善于合作、尊重数据、实事求是的科学品质。

（4）科学、技术、社会与环境：意识到设计和建造桥梁需要综合考虑多种因素，体会建桥梁是一项复杂的工程。

STEM 的教学目标如表 4-3-1 所示。

表 4-3-1

科学（S）	技术（T）	工程（E）	数学（M）
改变材料的形状和结构能够提高材料的承重能力	用折叠、架梁、加厚、弯曲等方法改造桥面	综合考虑承重、成本、技术、时间等因素，设计、制作并测试桥梁模型	收集数据，计算桥梁的性价比，分析数据

三、【学情分析】

本节课的教学对象是六年级的学生，通过五年多的科学课学习，他们具备了一定的科学知识和科学探究能力，在逻辑思维和抽象思维方面也得到了一定的发展。学生通过对本单元前几节课的学习，知道了改变材料的形状可以改变其抗弯曲能力，也知道了一些具体的改变材料形状和结构的方法，为本节课的学习奠定了良好的知识基础。但是，对于六年级的学生而言，他们的综合应用能力还不够强，将所学知识用于解决建桥梁的问题，并综合考虑多种因素，对他们来说还是有一定的困难的。另外，他们平时较少经历完成工程任务的学习过程，特别是在设计桥梁草图方面，会存在较大的挑战。因此，教师需要对学生进行合理的引导，为其提供脚手架，帮助学生完成建桥梁这一工程任务。

四、【教学重点与难点】

（1）教学重点：设计并制作一座性价比高的桥梁模型。

（2）教学难点：较为规范地设计桥梁草图。

五、【设计理念】

"用纸造一座'桥'"是教科版六年级上册第二单元"形状与结构"的其中一课，属于"技术与工程"领域的内容。

随着国家经济的快速增长、科学技术和工业生产水平的不断发展、人们生活节奏的加快和需求的增加，各种各样的桥梁已架设到祖国的大江南北。从跨越小溪、湖面的桥，到横跨山谷、海岸的桥；从木桥、石桥，到钢铁桥、钢筋混凝土桥；从人行桥，到供汽车、高铁通行的桥，桥梁在人们的生活和生产中发挥着举足轻重的作用。

建桥梁是一个复杂的综合问题，既包含受力平衡、结构与稳定性、形状与承重能力等方面的科学问题，又包含如何改变材料的形状和结构以提高材料的承重能力等技术问题，也包含综合考虑多种因素、设计草图、制作模型、测试性能等工程问题，还包含比例换算、成本计算、分析和处理数据等数学问题。那么，如何以一种符合小学生年龄特点和认知水平的方式组织教学，从而激发学生的学习兴趣和社会责任感，提高学生的问题解决能力，培养学生的计算思维和工程思维，是本节课想要尝试达成的目标。

本节课引导学生综合运用所学知识与方法，综合考虑多种因素，利用生活中常见的和简单易得的纸设计并制作桥梁模型，注重科学、技术、工程和数学的融合。

本节课巧妙地引入性价比的概念，聚焦设计并制作一座性价比高的桥梁模型，带领学生经历"明确问题—设计方案—制作测试—评价改进"的完成工程任务的过程，让学生在动手动脑的实践活动中提高创新能力。

六、【教学准备】

（1）教具：PPT、板书贴、大卡纸、马克笔。

（2）学具：A4纸、字典2本、直尺、回形针2盒、一次性塑料杯、电子秤、计算器、剪刀、固体胶、学生实验记录单。

七、【教学过程设计】

（一）明确需求，确立任务

（1）创设任务情境：政府部门计划在湿地公园的一条河流上建造一座桥梁，让游玩的行人能够在桥面通行，船只也能在桥下通行。

（2）头脑风暴：如果你是一位桥梁工程师，负责建造这座桥梁，你需要考虑哪些因素？

教师借助思维导图板书，引导学生发散思维，进行头脑风暴，思考建桥梁需要考虑的因素。通过师生谈话，学生认识到建桥梁需要考虑桥的长度、承重能力、材料、成本、时间、通行能力、形状等因素，如图 4-3-1 所示。

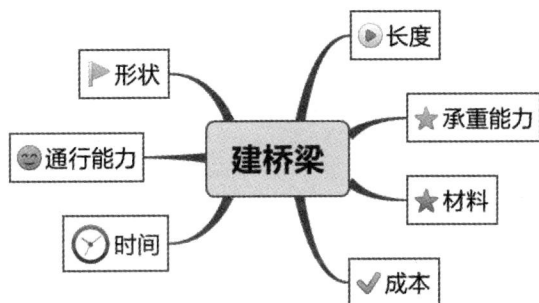

图 4-3-1

（3）识别情境：河面宽 15m，桥面通行人和非机动车，桥下通行船只。

（4）明确需求：桥梁的跨度为 15m、桥面的宽度为 5m、桥梁的高度（桥面距离水面的高度）为 3m，桥下的通行能力较好，无障碍物。

（5）确立任务：建造一座桥梁。

设计意图： STEM 教育的特征之一是解决真实情境的问题，真实情境的问题导向的 STEM 教育最终是返回生活的教育。本节课以湿地公园建造桥梁的真实情境引入，引导学生结合实际明确需求、确立任务，有效地激发学生解决问题的内驱力和社会责任感，为接下来的学习做好铺垫。

（二）设计方案

（1）聚焦要求：用纸造一座"桥"。

（2）确定桥梁模型的尺寸：实物和模型的比例定为 1：100，那么桥梁模型的跨度为 15cm、桥宽 5cm、桥高 3cm，桥下无障碍物。

（3）学习性价比。

桥梁的承重能力越强，用料越少，则性价比越高。

（4）介绍材料及用途：1 张 A4 纸当作桥面、2 本字典当作桥台、1 把直尺测量长度、2 盒回形针当作重物、1 个一次性塑料杯盛放回形针、1 台电子秤称取质量、

1台计算器用来计算、1把剪刀用来剪裁、1个固体胶用来粘贴。

（5）谈话：如何提高桥梁的性价比？

学生讨论和交流，从提高承重能力和减少成本两个方面思考如何提高桥梁的性价比。

①提高承重能力的方法：增加厚度，将桥梁弯曲成拱形，折叠成瓦楞形、L形、U形、"工"字形等。

②减少成本的方法：考虑合理的桥面长度，尽量节约用纸；使用固体胶需要考虑可能增加桥梁的质量。

（6）设计桥梁草图：小组画出桥梁的设计草图，适当标注尺寸和文字说明，如图4-3-2所示。

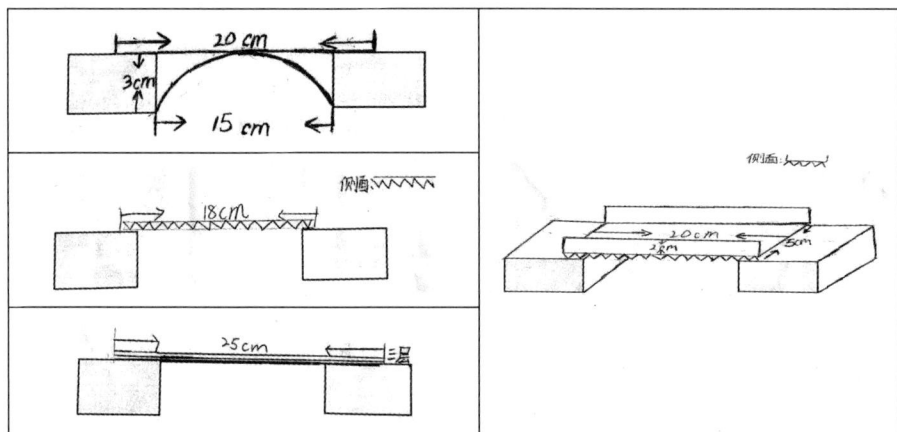

图4-3-2

（7）小组展示设计草图，相互点评并提出意见。

学生从以下几个方面进行评价和交流：桥梁模型的尺寸是否符合基本规定、桥面的表层是否为平面、桥下是否有桥墩等障碍物等。

（8）根据其他小组的意见和建议初步修改设计草图。

设计意图：工程的核心是设计，设计是让学生在动手前先构思自己的想法，它是完成工程任务一个重要的环节。教师通过确定桥梁模型的尺寸、引导学生运用已有知识考虑提高承重能力和减少成本的方法，让学生的设计更加规范、更有科学依据，做到让设计为工程任务服务。

（三）制作并测试桥梁模型

（1）谈话：在制作并测试桥梁模型的过程中应该注意些什么？

学生发表观点，教师提炼，PPT展示注意事项：①桥梁的跨度为15cm，桥面宽5cm；②按照设计草图制作桥梁模型；③用一次性塑料杯装回形针，放在桥面中间；④桥面下降1cm视为失败；⑤等电子秤示数稳定后再读数；⑥如实记录数据，重复测量3次，取平均值；⑦数据保留两位小数。

（2）小组按照设计草图制作桥梁模型，教师巡视指导，如图4-3-3所示。

图4-3-3

（3）小组测试桥梁模型的性价比，如实记录数据，重复测量3次，取平均值，数据如表4-3-2所示。

表4-3-2

重物的质量	桥梁的质量	桥梁的性价比
第1次：____g	第1次：____g	
第2次：____g	第2次：____g	
第3次：____g	第3次：____g	
平均值：____g	平均值：____g	

（4）小组交流实验数据，将数据汇总到大卡纸的表格中。小组将设计草图粘贴到黑板上，用马克笔在大卡纸的表格中填写数据，如表4-3-3所示。

表4-3-3

	第1组	第2组	第3组	第4组	第5组	第6组	第7组
设计草图							
重物的质量							

	第1组	第2组	第3组	第4组	第5组	第6组	第7组
桥梁的质量							
桥梁的性价比							

（5）学生分析数据、讨论数据，读出数据背后的学问。

教师引导学生思考：哪个小组的性价比最高？为什么会最高？哪个小组的性价比最低？为什么会最低？为什么这个小组的承重能力最大，性价比却不是最高的？从数据中你们还发现了什么？

设计意图：制作是使用材料建构模型的过程，测试是对模型进行检验的过程，从而判断设计的桥梁草图是否有效地解决了问题。

（四）评价并提出改进方案

（1）评价桥梁作品。

小组自评：说一说自己设计和制作的桥梁模型的优点与缺点。

小组互评：各小组将桥梁模型展示在讲台上，其他小组根据桥梁作品和黑板上的设计草图、数据，选出最佳作品，并说明理由。

（2）提出改进方法：各小组根据自己的反思和其他小组的评价，思考改进方法，提出改进方案。

（3）提问：对于建桥梁活动，同学们有什么感悟或收获？

学生交流：应用了之前学习的知识来解决问题；测试的时候要认真、严格，数据才会准确；第一次设计的方案不一定是最好的，需要进行不断的检测和改进；在建桥梁时，不仅要考虑承重能力、材料、成本、性价比，还要考虑技术难度、耗费的时间。

（4）总结：在实际工程中，建桥梁是一个复杂的工程问题，需要综合考虑多种因素。

设计意图：通过小组自评与小组互评，学生辩证地认识到桥梁模型的优点与缺点，从而有理有据地提出具体可操作的改进方法。在这个过程中，学生意识到设计—制作—测试是一个不断迭代的过程，需要不断地优化和改进工程任务，直至满足实际需求，解决任务。

八、【评价设计】

评价是教学活动不可缺少的内容，对教学有积极的反馈和激励作用。本节课既包括学习过程中的过程性评价，又包括学习活动结束后的总结性评价。

（一）过程性评价

过程性评价是在学习过程中进行的，与学生的学习交融在一起的，关注学习过程中学生的表现的评价。本节课的过程性评价主要体现在两个方面。一是教师对学生发言的评价反馈。教师设置了多个具有启发性的问题，学生思考、讨论、交流、表达，教师根据学生的回答及时做出合理、有效、具有激励性的评价，引导学生的思维，促进学生的学习。二是学生对设计草图、桥梁模型的小组自评和小组互评。教师引导学生对设计草图进行交流和评价，自我反思桥梁模型的优点和缺点，全班评选出最优的桥梁作品，学生在交流与评价中学习。可以看出，本节课的过程性评价贯穿学习始终，有效地促进了学生的自主学习，培养了学生的自主思维。

（二）总结性评价

总结性评价是学习活动结束后对学习内容和过程进行的整体评价，旨在帮助教师或学生了解学生学习所达到的水平。本节课设计了两份评价量表用于总结性评价：学生工程任务学习过程自评量表（见表4-3-4）从4个维度、8个方面引导学生对工程任务学习过程进行自评与互评，帮助学生反思学习过程和学习效果；教师对小组的评价量表（见表4-3-5）从5个方面评价小组的学习过程，反馈小组合作学习的情况。

表4-3-4

评价要素	评价内容（共40分）	自我评价	同伴评价
明确任务	能够用头脑风暴的方式分析需求（5分）		
	能够准确地识别问题，确立任务（5分）		
设计制作	能够清晰地画出设计草图，并进行适当的标注（如比例、尺寸、材料）（5分）		
	能够根据设计草图制作模型（5分）		
测试改进	能够多次进行实验，收集数据并分析数据（5分）		
	能够基于证据对模型提出改进意见（5分）		

评价要素	评价内容（共 40 分）	自我评价	同伴评价
交流结果	能够向他人介绍自己作品的优点和缺点（5 分）		
	敢于表达自己的想法，善于倾听他人的建议（5 分）		
	总分		

表 4-3-5

评价内容	星级
小组成员分工合作，齐心协力完成任务	☆☆☆☆☆
学习兴趣高，积极思考，主动参与活动	☆☆☆☆☆
认真实验，能够科学地收集、分析、处理数据，尊重数据，实事求是	☆☆☆☆☆
乐于表达和交流自己的观点和感想，善于倾听他人的想法	☆☆☆☆☆
在设计、制作、测试桥梁模型的过程中展示出一定的创新思维和工程思维	☆☆☆☆☆

九、【案例评析】

　　STEM 教育顺应新时代培养人才的需求，以学科融合的方式，培养学生的计算思维、工程思维、逻辑思维和创新思维，从而实现创新人才的培养。本节课以学生的已有知识和经验为切入点，让学生进行力所能及的研究，用科学引领工程，引导学生经历"明确问题—设计方案—制作测试—评价改进"的完成工程任务的过程，并融合科学、技术、工程、数学等方面的知识，最终指向思维与应用。接下来从以下几个方面说明本节课的特色和亮点。

（一）采用简单易得的材料

　　纸是学生生活中常见的、简单易得的一种材料，学生对纸的特点也比较熟悉，经常接触到纸，如折纸飞机、折小船、剪纸等。本节课让学生用纸造一座"桥"，既让学生感到熟悉，又具有一定的挑战性，能够很好地激发学生的好奇心和学习兴趣。其实，纸这种活动材料看似信手拈来，实则需要精雕细琢。一方面，教师容易准备，能够保证活动材料的充足；另一方面，学生容易得到，可以课后进行自主的拓展研究，让学习得以延伸。让简单的东西发挥不简单的用处，让学习从生活中来到生活中去，这是一种体现学生主体地位的教学。

（二）创设真实的情境

STEM 教育的特征之一是解决真实情境的问题，真实情境的问题导向的 STEM 教育最终是返回生活的教育，所以 STEM 教育一定是真实情境的问题导向而不是教科书导向的过程。本节课以湿地公园建造桥梁的真实情境引入，通过头脑风暴、识别情境、明确需求，从而确立任务，为接下来的学习做好铺垫。真实情境的问题可以激发学生的学习兴趣、提高学生的学习效率、培养学生的社会责任感，在相同的时间内，学生的综合素养在有意义、有兴趣的价值获得感中得到了提升。

（三）培养学生的计算思维

计算思维是一种重要的分析能力、抽象能力和解决问题能力，是每个人的基本技能，每个学生都应该具备计算思维。本节课侧重培养学生的计算思维，以符合学生年龄特点和认知水平的方式引入性价比的概念，让桥梁的评价标准变得可量化、可操作，学生在称量、读数、计算、分析的过程中收集数据、处理数据、分析数据、解读数据，真正地将数学融入工程，培养和发展了计算思维。可以说，STEM 学习活动促进了学生计算思维的培养，而计算思维的培养反过来提高了学生解决 STEM 问题的能力。

（四）培养学生的综合能力

通过观察学生上课的表现与状态可以发现，相比普通课堂，STEM 课堂对学生具有更强的吸引力，学生的学习兴趣更高、状态更投入、对社会更具责任感，学生的表达、沟通、交流、调查、操作、制作、设计、实践、计算等能力提高了，在工程思维、逻辑思维和创新思维的培养方面也有所提高。我们希望，STEM 课堂能够形成一种场效应，学生在相互作用中提高思考能力和实践能力，形成审慎的态度和创新的精神。

十、【学生实验记录单】

学生实验记录单一：画出桥梁的设计草图，适当标注尺寸和文字说明，如图 4-3-4 所示。

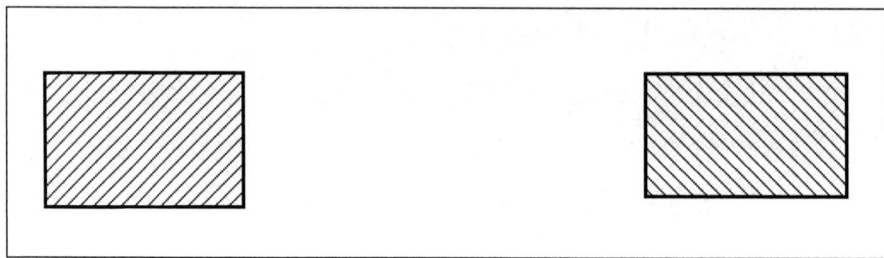

图 4-3-4

　　学生实验记录单二：按照设计草图制作桥梁模型，进行测试，分析桥梁的性价比。（注：学生实验记录单二的内容与表 4-3-2 的内容相同，此处不再展示，具体见表 4-3-2。）

案例 4：设计降落伞

北京市东城区文汇小学　张莉

主题	设计降落伞		
教材版本	首都师范大学出版社	年级	六年级下册
单元	第三单元　飞行与空间技术	课时	第一课时（提出问题阶段）

一、【课标内容】

18．工程技术的关键是设计，工程是运用科学和技术进行设计、解决实际问题和制造产品的活动。

18.2　工程的核心是设计。

五至六年级　利用摄影、录像、文字与图案、绘图或实物，表达自己的创意与构想；将自己简单的创意转化为模型或实物；根据现实的需要设计简单器具、生产物品或完成任务。

二、【指导思想和理论依据】

（一）指导思想

将 STEAM（科学、技术、工程、艺术和数学）理念引入课堂，以信息技术为辅助手段，提高学生发现问题、调研问题、最终提出问题的能力；将学生提出问题、解决问题的过程，作为后续课程中创新实践的前提。

（二）理论依据

科学新课标指出，小学科学课程强调做中学和学中思，逐步培养学生提出科学问题的能力、收集和处理信息的能力、获取新知识的能力、分析和解决问题的能力，以及交流与合作的能力等，发展学生的创造性、批判性思维和想象力，使学生具备一定的运用其处理实际问题、参与公共事务的能力。

著名心理学家马丘斯金等人，对问题教学进行了开创性和系统性的研究，他们认为问题是思维的起点，问题解决的过程就是创造性思维发展的过程。

现代建构主义学习观和教学设计理论都把问题解决作为建构性学习的基本策略。美国、澳大利亚等国对此问题也进行了深入的研究，认为问题是思维的开始，问题解决的过程就是思维发展的过程。学生一旦有了问题意识，就会产生解决问题的需求和强烈的内驱力。美国科学课程与评价标准明确提出学生应该有"发现和提出他们自己的问题的能力"。

因此，将问题贯穿教育过程，让问题成为知识的纽带，培养学生发现问题和解决问题的能力，是科学新课标的目标，也是现代教育追求的理想境界。

跨学科整合的STEAM学习方式，将科学、技术、工程、艺术和数学等有机融为一体。国家对于培养学生实践创新的关键能力和发现问题、提出问题的科学素养方面的要求，能够在基于STEAM理念的"技术与工程"领域的项目式学习中得到更好的体现和落实。

三、【教学目标】

（1）科学知识：通过项目式学习，初步培养工程思维，知道设计与创造的一般步骤首先是确定问题。

（2）科学探究：能够根据任务情境，初步形成设计需求，提出设计中需要探究和解决的问题，包括科学问题和工程问题；能够通过调研资料和网络，以及探究和深度讨论等形式，获取并处理信息。

（3）科学态度：养成发现问题、提出问题、解决问题的科学态度。

（4）科学、技术、社会与环境：意识到工程思维在实际生活中的重要性，学会利用工程思维解决实际问题。

四、【学情分析】

本节课的教学对象是六年级的学生，课前我对学生进行了访谈式的调研。在知识方面，学生对降落伞的内容并不陌生，已经有一定的生活经验和知识技能基础，在几年的科学学习过程中，了解了力对物体的作用，以及物体运动的改变和施加在物体上的力有关。但是 60% 的学生对一些特殊降落伞的功能、外形等了解得并不全面；70% 以上的学生对设计降落伞需要考虑哪些科学因素和工程因素了解得并不全面。在技能方面，学生了解材料与结构对物体的运动和功能有影响，有较强的信息检索意识，能够快速通过多种渠道获取信息，但是对获取的信息进行分析和应用的能力较弱。

由于学生在之前的学习过程中没有经历过对"技术与工程"领域相应内容的学习，本节课需要引导学生认识到创意与产品之间需要经历一个过程，即调研—设计—制作—调试和改进的过程。整个过程就是聚焦科学问题和工程问题，运用力学、材料学相关领域的科学知识，运用工程思维和工程技能，完成"技术与工程"领域的任务的过程。而学生在解决问题时又实现了概念的综合应用，这是对"物质科学"领域相关概念的进一步发展。整个过程呈现螺旋式递进发展趋势，最终为培养学生的科学素养而服务。

五、【教学重点与难点】

（1）教学重点：根据设计需求，提出设计中需要探究和解决的科学问题和工程问题。

（2）教学难点：能够通过资料学习，进一步完善问题列表。

（3）STEAM 融合点。

S（科学）：了解降落伞减速的原因，探究影响降落伞降落快慢的主要因素。

T（技术）：了解各类降落伞的结构和功能；知道改变材料的形状可以实现特殊的功能；根据设计图，制作降落伞。

E（工程）：应用科学、技术、工程、艺术和数学知识，完成工程设计；理解有效的设计方案可以提高制作产品的时效性与竞争力，降低制作成本；工程设计需要检验，并根据检验结果对设计方案进行改进；在评估设计方案时，要考虑一系列因素，如安全、成本、美学及社会与环境影响；能够客观评价自己与他人的设计方案，知道没有最好的设计方案，只有最满足客户需求的设计方案。

A（艺术）：对降落伞的外观进行设计，既要满足功能要求，又要美观，使客户易于接受。

M（数学）：运用控制变量法收集数据并分析数据，得出规律；熟悉常用的测量、计算操作。

六、【设计理念】

（一）教学内容

"设计降落伞"是六年级下册第三单元"飞行与空间技术"的第一课。在教材中，本单元通过对降落伞、飞机和人造天体的探究，使学生初步了解了降落伞、飞机的主要构造和用途，了解了它们的发展过程，知道了影响降落伞下降速率的相关因素等，培养了学生的探究能力和对空间技术的兴趣。本节课的教学内容是知道降落伞的下降速率与空气阻力有关，了解降落伞的发明和发展史，体验探究过程的乐趣。

在新课改背景下，本节课虽属于"技术与工程"领域，但是并不能很好地对应相关的核心概念。结合科学新课标理念和 STEAM 理念，为了更好地培养学生"提出问题—做出假设—制订计划"的核心能力，以及利用技术解决生活实际问题的科学素养，我将本节课进行了如下调整：将"设计降落伞"作为一个主题单元进行教学，分成 4 个阶段完成，具体单元框架如表 4-4-1 所示。

表 4-4-1

提出问题阶段	确定研究需求，提出研究问题
探究背景经验阶段	科学问题、工程问题等
解决问题阶段	设计与制作，撰写工程建议书
展示评价阶段	展示与汇报，评价与反思

本节课是第一课时，我将引入真实的生活场景，提出一个工程任务，即设计一个适用于某种场合的降落伞，并撰写工程建议书。学生确定任务主题后，思考完成该任务需要解决的科学问题和工程问题。师生共同将提出的相关问题进行归纳和分类。学生利用已有知识与经验，以及教师提供的资料和丰富的网络资源、降落伞模型等，讨论并解决刚才的问题，在这个过程中又可能产生新的问题，学生自主分类。

这个阶段是学生的认知发生冲突和碰撞的关键环节，也是思维提升的环节。本节课的最后，学生确定已解决的和未解决的问题，未解决的问题将成为下一阶段"探究背景经验阶段"的研究主题。

（二）教学方法

本节课主要采用项目式学习法，部分环节采用探究法。

七、【教学准备】

（1）本节课教学准备：PPT 及音视频资料、问题汇总海报。

（2）其余阶段教学准备：降落伞设计单、鸡蛋、塑料膜、棉布、防水布、纱布、细棉线、粗棉线、剪刀、秒表、布袋或蛋袋、马克笔、重物、价格标签、标签夹、收纳篮。

八、【教学过程设计】

（一）任务需求——问题引入，提出工程任务

导语：同学们，大家对降落伞都不陌生吧！降落伞的种类和用途十分广泛，如地震作为对人类伤害最大的自然灾害之一，长期以来备受关注，其中震后救援物资的供给问题是人们关注的焦点之一。在公路损坏的情况下，无法实施地面运送时就需要实施空运，但由于直升机的数量有限且运输成本高，我们急需一种能够精准投递物资的降落伞，保证其时效性、完好性、精准性。

提问：其实，降落伞还有很多种类和用途，你们还知道哪些降落伞？它是什么形状的？有什么用途呢？

学生回答。

预设：如果学生不能说出更多、更全面的降落伞的种类和用途，则教师应适时出示一些图片、视频，引导学生说出这些降落伞的种类和用途。

谈话：现在，如果你是一位降落伞技术工程师，你想设计一个怎样的降落伞？

学生表达自己的创意和想法。

设计意图：引入问题，充分调动学生对降落伞这一主题的前认知，明确工程任务，激发学生的创造兴趣，使学生的思维快速运转。

（二）提出问题——提出需要解决的科学问题和工程问题

提问：

（1）为了完成这个工程任务，可能需要哪些知识？

（2）在动手前需要解决什么问题？可以通过什么方法解决？

（3）需要确认哪些设计要求或条件？如材料、楼高、地面情况、承重能力等。

学生提出各种各样的问题和可能的解决办法，通过交流，对他人的想法表示肯定或进行补充。

预设：学生会提出各种问题，杂乱且无规律。

处理：教师和学生共同对其进行归纳和分类，帮助学生梳理这个工程任务的背景。这些问题大致可以归纳为科学问题和工程问题两类。教师利用问题汇总海报或PPT记录，在整个主题单元的学习过程中都要保存。

预设：学生提出了所需的知识，但是给出的解释有科学性的错误或不全面、不严谨。

处理：教师询问学生这些知识来自哪里、是否有资料佐证，让学生通过网络找到这些资料，再进行具体、深入的学习，最后分享给大家。

预设：学生提出的问题属于具体工程方面的要求，如能利用的材料有什么、要达到什么目标。

处理：教师明确提出制作模型的要求，如检验要求是利用鸡蛋模拟被困人员，在10m高的大楼处，将承载鸡蛋的降落伞扔出窗外，鸡蛋落地时能完好。

预设：学生提出了某些具体工程问题，如在真实情境中进行工程设计需要用到哪些材料。

处理：教师应予以肯定和鼓励，表明在真实的工程设计中应该考虑这些问题，而在本节课中不需要考虑。

设计意图：充分顺应学生的认知发展规律，以学生为主体，培养学生发现问题的能力，引导学生对问题进行分析和归类，培养学生的工程思维。

（三）调研查证——利用网络资源和实物资源进行调研

提问：刚才大家提出并分享了很多问题，这些问题可能有的不太全面，有的不太实际，老师给大家收集了一些资料，就在各组的平板电脑中，大家还可以借助丰富的网络资源进行调研。另外，这里还有一些降落伞模型，请大家进行充分的调研，完善自己的认知，看看能否解决其中一些问题，并发现需要解决的其他问题。

学生利用收集到的资料对相关问题进行充分的调研，小组成员头脑风暴，将过程记录在便笺纸或问题清单上。

设计意图：运用信息技术手段获取信息并处理信息，形成对工程设计有利的证据，并提出工程设计所需研究的其他问题。这是科学探究核心素养中"提出问题"这项能力的基础。

（四）解决问题——思维碰撞，新旧认知的交流与探讨，解决一些问题，产生一些新的问题

提问：好，通过刚才的调研，在未解决的问题清单中，有哪些现在可以解决了？

学生回答。

提问：那么，大家发现了哪些新的问题呢？哪些属于科学问题？哪些属于工程问题？哪些属于技术问题？请试着自己归类。

学生提出一些新的问题并归类。

教师更新已解决的和未解决的问题清单中的问题。（利用问题汇总海报或PPT记录）

设计意图：通过生生互动和思维碰撞，教师重新梳理问题清单中的内容，将学生已经掌握的知识与技能划归到已解决的问题清单中，而在讨论的过程中，形成新的问题，初步引导学生发现问题并对其进行归类。

（五）确定问题——确定已解决的和未解决的问题，未解决的问题留备下一阶段的背景经验学习

谈话：今天，大家通过集思广益确定了工程任务，提出了很多急需解决的问题。在这些问题中，你们觉得哪些问题的优先级更高一些？哪些问题可能是需要在设计之初就解决的？哪些问题可能是在制作环节需要掌握或注意的？

好，今天我们确定了工程任务，提出了很多急需解决的问题并对这些问题进行了大致梳理，那么就将这些未解决的问题作为下一阶段的研究主题吧！

设计意图：引导学生对科学问题和工程问题的紧迫度、重要度等进行简单的分析，优先解决紧迫度和重要度高的问题，这也体现了对工程思维中的筹划思想的培养。

九、【评价设计】

（1）过程性评价：小组的过程性资料，如已解决的和未解决的问题清单。

（2）总结性评价：问题识别量表，如表 4-4-2 所示。

表 4-4-2

0	1	2	3	4
没有提出问题	提出问题但问题没有被清晰了解或识别	问题的一部分被识别，类别不全面	问题的大部分被识别，类别基本全面，涵盖科学问题和工程问题	提出的问题均被识别，涵盖面广，包括科学问题和工程问题，对任务的完成起到至关重要的作用

十、【案例评析】

本节课的教学设计有以下几点特色。

（1）STEAM 教学模式。

（2）培养学生的工程思维。

（3）培养学生发现问题、提出问题和解决问题的能力。

（4）信息技术手段与科学探究过程的融合。

希望通过不懈努力，学生能"像科学家一样思考探究，像工程师一样实践创新，了解技术进步和社会发展的趋势，做 21 世纪的优秀公民"。

十一、【板书设计】

板书设计如图 4-4-1 所示。

设计降落伞

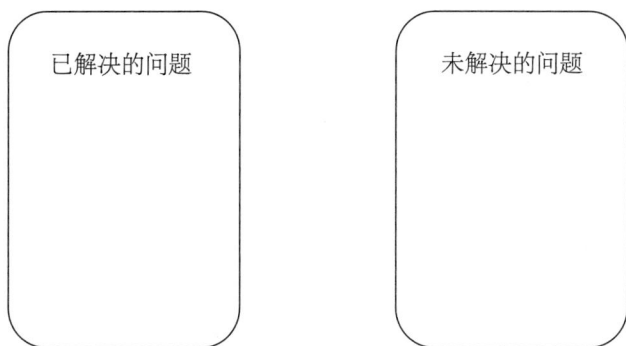

图 4-4-1

设计意图：利用便利贴的形式，灵活地进行填写、粘贴、移动等操作，生动地体现了学生思维发展的过程，将最初提出的问题、通过调研解决了哪些问题、产生了哪些新的问题等进行归类。对于最后一个环节确定的急需解决的问题的优先级，也可以在此标出顺序，以便开展后续课程。